BEBOP-**SAXOPHON**LICKS **FÜR**JAZZ-**GITARRE**

Meistere die Solosprache der Bebop-Saxophon-Legenden auf der Jazz-Gitarre

ULF**WAKENIUS**

mit Tim Pettingale

FUNDAMENTAL**CHANGES**

Ulf Wakenius' Bebop-Saxophon-Licks für Jazz-Gitarre

Meistere die Solosprache der Bebop-Saxophon-Legenden auf der Jazz-Gitarre

Veröffentlicht von **www.fundamental-changes.com**

ISBN 978-1-78933-368-8

www.fundamental-changes.com

Über 12.000 Fans auf Facebook: **FundamentalChangesInGuitar**

Instagram: **FundamentalChanges**

Über 350 kostenlose Gitarrenlektionen mit Videos findest du unter

www.fundamental-changes.com

Titelbild Copyright: Autorenfoto, Verwendung mit Genehmigung

Inhaltsübersicht

Über den Autor

Ulf Wakenius ist ein gefeierter schwedischer Jazzgitarrist. Zwischen 1997 und 2007 hatte Ulf Wakenius einen der prestigeträchtigsten Plätze im Jazz für einen Gitarristen inne: einen Platz im Oscar Peterson Quartett. Zuvor hatte Ulf in seiner Karriere bereits viele Rekorde gebrochen. Sein Duo Guitars Unlimited trat 1985 auf dem Höhepunkt des Melody Grand Prix auf, einer Veranstaltung, die von über 600 Millionen Zuschauern gesehen wurde. Das war wahrscheinlich das größte Publikum, das ein Jazzgitarren-Duo je hatte!

Kurz darauf begann Ulf eine äußerst erfolgreiche und langanhaltende Zusammenarbeit mit dem legendären dänischen Bassisten Niels-Henning Örsted Pedersen. Es folgten zwei erfolgreiche Alben mit der Bass-Ikone Ray Brown, die beide die Spitze der US-Jazz-Charts erreichten.

Ulf ist bekannt für sein großartiges rhythmisches Gespür und sein lyrisches Spielgefühl, und viele der einflussreichsten Jazzgitarristen der Welt zählen zu seinen Fans:

„Er spielt die Gitarre, als wäre er schon mit ihr in den Händen geboren."

-John McLaughlin

„Einfach großartig!"

-Pat Metheny

„Du bist also der böse Junge, von dem alle reden?!"

-Larry Carlton

„Spektakulär! Unglaublich!"

-Allan Holdsworth

„Ich habe dich mit Ray Brown gehört, du hast dich großartig angehört!"

-John Scofield

„Gigantische Chops!"

-Pat Martino

Weitere Informationen findest du unter: **ulfwakenius.net**

Einführung

Jazz spielen zu lernen ist wie das Erlernen einer Sprache. Wenn du, wie viele Spieler, über den Blues zum Jazz gekommen bist, wirst du bereits mit der Idee vertraut sein, Licks und Phrasen zu kopieren und in deinen Wortschatz aufzunehmen. Gelegentlich haben wir vielleicht einen Moment der Inspiration und kommen selbst auf eine neue Idee, aber meistens haben wir den Großen zugehört und ihre Ideen kopiert und aufgesogen.

Wie beim Erlernen einer Sprache wollen wir auch hier nützliche Redewendungen lernen, die in bestimmten Situationen funktionieren. Mein lieber Freund Martin Taylor hat einmal gesagt, dass man bei einer Reise in ein fremdes Land kein Grammatikbuch einpackt, sondern einen Sprachführer mitnimmt! Ein Sprachführer hilft dir, sich schnell mit den gebräuchlichsten Ausdrücken vertraut zu machen, die jeder, der diese Sprache spricht, verwendet und versteht.

Wenn die Grundlagen der Sprache erst einmal vorhanden sind, gibt es keinen Ersatz dafür, von jemandem zu lernen, der die Sprache fließend spricht. Es ist eine Sache, die Prinzipien und Regeln der Sprache zu verstehen, aber eine ganz andere, ihre Kadenz und ihren Fluss zu beherrschen, sich zu artikulieren und jede Idee, die einem in den Sinn kommt, auszudrücken.

Dieses Buch richtet sich an fortgeschrittene Jazzgitarristen, die ihre Fähigkeiten verbessern wollen, indem sie tief in die expressive Sprache einer Reihe von Meisterimprovisatoren eintauchen. Allerdings schauen wir uns hier keine anderen Gitarristen an! Wie kommt das?

Viele berühmte Jazzgitarristen nennen wichtige Jazzsaxophonisten als Einfluss auf ihr Spiel, ebenso wie andere Gitarristen. Was können wir also von Saxophonisten lernen?

Zunächst einmal können wir natürlich von jedem Meister der Jazzimprovisation lernen, unabhängig davon, welches Instrument er spielt. Wenn wir ihr Spiel analysieren, erhalten wir einen Einblick in ihre Denkweise und die Art und Weise, wie sie ihre melodischen Ideen konstruieren, und das ist immer hilfreich.

Zweitens: Wenn wir von anderen Gitarristen lernen, besteht immer die Möglichkeit, dass wir in gitarristische Klischees verfallen und vorhersehbare Muster spielen. Saxophonisten sind nicht an gitarristische Muster gebunden. Wenn wir also ihre Licks kopieren, ist die Wahrscheinlichkeit größer, dass sie auf der Gitarre frisch klingen. Das Erforschen der Ideen eines anderen Instruments kann uns oft helfen, aus unseren Schubladen auszubrechen.

Drittens ist das Saxophon in der Lage, lange, fließende Legatolinien zu spielen. Längere Linien zu spielen bedeutet, dass mehr Gedanken in die Konstruktion der melodischen Ideen einfließen müssen, damit wir gut konstruierte, schön artikulierte Phrasen spielen. In dieser Hinsicht können wir viel vom Saxophonisten lernen.

Außerdem sind Saxophonisten gezwungen, zwischen den Phrasen Pausen zu machen - etwas, das Gitarristen nicht tun müssen! Das bedeutet, dass sie oft prägnante, wohlgeformte Phrasen spielen, die einen klaren Anfang, eine Mitte und ein Ende haben. Es liegt auf der Hand, dass das Lernen von großen Saxophonisten unsere gesamte Phrasierung verbessern wird; es wird auf uns abfärben, auch wenn wir nur zuhören.

Schließlich befassen wir uns in diesem Buch mit fünf wichtigen Persönlichkeiten, die die Zukunft des Jazz mitgestaltet haben. Charlie Parker war mit seinem Beitrag zur Entwicklung des Bebop bahnbrechend, aber jeder dieser Musiker brachte neue Perspektiven ein, die den Jazz voranbrachten. Um den Jazz zu verstehen, muss man sich seiner Wurzeln bewusst sein und wissen, was die einzelnen innovativen Musiker taten, um die Musik weiterzuentwickeln.

Wenn man ein Buch wie dieses schreibt, stellt sich natürlich sofort die Frage, welche Spieler man aufnehmen und welche man weglassen soll. Das ist eine unlösbare Aufgabe, also habe ich Spieler ausgewählt, die für mich in meiner Entwicklung wichtig waren und wohl auch für die Entwicklung des Jazz insgesamt. Zu gegebener Zeit wird ein zweiter Band erscheinen, der sich mit den großen Post-Bop- und Modal-Jazz-Saxophonisten befasst, aber bis dahin kannst du dich darauf freuen, einige großartige Bebop-Licks zu lernen!

Verwendung dieses Buches

Zu jedem Spieler in diesem Buch gibt es einen kurzen Lebenslauf, in dem einige interessante Fakten aufgeführt sind. Es handelt sich dabei nur um eine kurze Skizze, denn im Internet gibt es zahlreiche Informationen, wenn du mehr lesen möchtest.

Danach folgt eine Zusammenfassung der stilistischen Merkmale des Spielers. Welche Techniken oder Tricks verwendet er häufig in seinem Spiel? Was sind ihre bevorzugten Bewegungen oder harmonischen Konzepte?

Jedes Kapitel konzentriert sich dann auf ein berühmtes Stück, für das der Spieler bekannt ist. Ich gebe einen Überblick über die Harmonie des Stücks, damit du die Grundlage für die folgenden Licks verstehst, und ich verweise dich auf eine klassische Aufnahme, damit du dir anhören kannst, wie sie es angegangen sind.

Dann gehen wir auf das Jazzvokabular ein, das der Spieler verwendet. Es ist immer nützlich, ein großartiges Lick zu lernen, und der Hauptpunkt dieses Buches ist es, die Sprache der Bebop-Größen zu erlernen, aber wir werden noch tiefer gehen als das. Ich werde die Ideen, die jeder Spieler für die Changes verwendet, aufschlüsseln und analysieren.

Wenn du die Gedankengänge verstehst, die bei der Entwicklung der Lines zugrunde lagen, kannst du die Prinzipien auf dein eigenes Spiel anwenden und deine eigenen, ähnlichen Lines entwerfen. Ich hoffe, dass du am Ende nicht nur viele großartige Lines gelernt, sondern auch ein tieferes Verständnis dafür gewonnen hast, wie man die Sprache des Bebop anwendet.

Viel Spaß!

Ulf

Audio abrufen

Die Audiodateien zu diesem Buch kannst du kostenlos von **www.fundamental-changes.com** herunterladen. Der Link befindet sich in der oberen rechten Ecke. Klicke auf den Link „Gitarre", wähle dann einfach diesen Buchtitel aus dem Dropdown-Menü aus und folge den Anweisungen, um die Audiodatei zu erhalten.

Wir empfehlen dir, die Dateien direkt auf deinen Computer (nicht auf dein Tablet) herunterzuladen und sie dort zu extrahieren, bevor du sie zu deiner Medienbibliothek hinzufügst. Du kannst sie dann auf dein Tablet oder deinen iPod laden oder auf CD brennen. Auf der Download-Seite findest du eine Anleitung und wir bieten auch technische Unterstützung über das Kontaktformular.

Über 350 kostenlose Gitarrenlektionen mit Videos findest du hier:

www.fundamental-changes.com

Werde Mitglied unserer aktiven Facebook-Gemeinschaft:

www.facebook.com/groups/fundamentalguitar

Markiere uns zum Teilen auf Instagram: **FundamentalChanges**

Kapitel Eins - Charlie Parker

Kurzer Lebenslauf

Charles Parker Jr. (29. August 1920 - 12. März 1955) gilt bis heute als einer der einflussreichsten und bekanntesten Jazzmusiker aller Zeiten. Sein Spitzname *Bird* war die Abkürzung für *Yardbird* und stammte von der umgangssprachlichen Bezeichnung für Huhn, die in den 1940er Jahren im tiefen Süden der USA beliebt war.

Der Posaunist und Bluessänger Clyde Bernhardt erinnert sich in seiner Autobiografie: „[Parker] sagte mir, dass er den Namen Yardbird bekam, weil er verrückt danach war, Hühnchen zu essen: gebraten, gebacken, gekocht, geschmort, alles. Er mochte es. Dort unten im Süden werden alle Hühner Yardbirds genannt."

Parker schien mit dem Spitznamen zufrieden zu sein, und in die Titel vieler seiner Kompositionen wie *Yardbird Suite*, *Ornithology*, *Bird Gets the Worm* und *Bird of Paradise* schlichen sich „Vogel"-Bezüge ein.

Als Solist übte Parker einen großen Einfluss auf den Jazz aus und brachte viele der Ideen hervor, die später unter dem Begriff „Bebop" zusammengefasst wurden. Während eines Auftritts im Jahr 1939, als er den Jazzstandard *Cherokee* spielte, hatte er die Eingebung, dass die 12 Halbtöne der chromatischen Tonleiter musikalisch zu jeder Tonart führen können. Parker selbst beschreibt dies folgendermaßen:

„Ich war gelangweilt von den stereotypen Changes, die ständig verwendet wurden... Ich dachte immer, es muss doch noch etwas anderes geben. Manchmal hörte ich es, aber ich konnte es nicht spielen... Nun, in dieser Nacht arbeitete ich an *Cherokee*, und dabei stellte ich fest, dass ich das, was ich gehört hatte, spielen konnte, indem ich die höheren Intervalle eines Akkords als Melodielinie verwendete und sie mit entsprechenden verwandten Changes unterlegte. Ich wurde lebendig."

Parker legte den Grundstein für den späteren Jazz, mit einem neuen Schwerpunkt auf Akkord-Substitutionsideen, alterierten Akkorden und dem Hinzufügen von implizierten Durchgangs-Akkordwechseln zu Progressionen. Er war ein Virtuose, der sich intensiv mit seinem Handwerk beschäftigte und manchmal bis zu 12 Stunden am Tag übte.

Wer Bebop verstehen will, muss die Sprache von Charlie Parker lernen!

Merkmale von Parkers Stil

Parker ebnete den Weg für viele der Techniken des modernen Jazz, die wir heute als selbstverständlich ansehen, aber seine Ideen für die Entwicklung von Linien und Phrasierung klingen immer noch so frisch wie eh und je. Anhand der nachfolgenden stilistisch akkuraten Licks werden wir erkunden, wie Parker folgende Ideen in seinem Spiel einsetzte:

1. Ein wichtiger Bestandteil von Parkers Stil war es, Arpeggios aus verschiedenen Stufen der zugrunde liegenden Harmonie zu bilden. Zum Beispiel könnte er über einem Cm7-Akkord (konstruiert aus C, Eb, G, Bb) Arpeggios in C-Moll, Eb-Dur, G-Moll oder Bb-Dur spielen. Er lernte aber auch, dass die oberen Erweiterungen der Akkorde, insbesondere die 9er und 13er der Dominantakkorde, für die Stimmführung nützlich waren, um verschiedene Akkord-Arpeggio-Phrasen zu verbinden. Eine seiner Lieblingsbewegungen war es, auf der Terz (3) eines Dominantakkordes zu beginnen und auf dessen b9 zu enden.

2. Parker perfektionierte die Verwendung chromatischer Noten zur Verbindung von Akkordwechseln. Zu diesem Zweck spielte er nie *über* den Akkordwechseln, sondern *durch* sie hindurch. Wenn er Arpeggios spielte, nutzte er die Möglichkeit des *„Targeting"* (Zielnoten anspielen) oder der *„Enclosures"* (Umspielung von Noten), d. h. er spielte Phrasen, bei denen die Hauptakkordtöne mit chromatischen oder Skalentönen „umgeben" wurden. Das Ergebnis war, dass seine Licks die Akkorde umrissen, aber gleichzeitig um die Harmonie herumtanzten.

3. Parker führte diese Idee weiter, indem er Skalenläufe mit chromatischen Durchgangsnoten interpunktierte, um längere, komplexere Linien zu schaffen, die sich in die Harmonie hinein- und wieder herausbewegten. Diese Linien waren oft so konstruiert, dass sie auf eine „Zielnote" abzielten, um auf einem starken Akkordton zu enden.

4. Viele von Parkers Phrasen bewegten sich über die Taktstriche hinweg. Anstatt auf die Taktstriche zu achten, spielte er vollständige Ideen, die sich über mehrere Takte erstreckten, und machte dann eine Pause, bevor die nächste Idee begann. Dann machte er eine weitere Pause und so weiter. Dies hatte zur Folge, dass seine Linien an unvorhersehbaren Stellen beginnen und enden konnten und verschiedene Akkordkombinationen durchliefen. Hier zahlte sich sein stundenlanges Üben aus.

5. Rhythmische Vielfalt war ein wesentlicher Bestandteil von Parkers Phrasierung. Er verwendete oft gebundene Noten, um das Ende einer Phrase in den nächsten Takt zu übertragen und Ideen miteinander zu verbinden. Er interpunktierte gerade 1/8-Notenlinien mit Triolenfiguren und mischte frei 1/8- und 1/16-Notenläufe von unvorhersehbarer Länge. Parker wiederholte auch Phrasen, spielte sie aber mit ganz anderen Rhythmen oder in einem anderen Kontext. Phrasen, die er zum Beispiel im Stück *Anthropology* spielte, tauchen auch in *Dexterity*, *Ornithology* und *Billie's Bounce auf*, allerdings mit einer anderen rhythmischen Platzierung. (Ein einfacher Weg, sein Jazzvokabular zu erweitern, besteht darin, ein Lick, das man gut kennt, zu nehmen und es rhythmisch zu verschieben oder aufzubrechen).

Klassische Aufnahme: Billie's Bounce

Billie's Bounce, von Parker 1945 komponiert, basiert auf einem 12-taktigen Blues in der Tonart F. Die Originalaufnahme von 1945 hatte die folgende Starbesetzung: Charlie Parker (Altsaxophon), Miles Davis (Trompete), Dizzy Gillespie (Klavier - ja, du hast richtig gelesen!), Curley Russell (Bass) und Max Roach (Schlagzeug). Hör es dir auf *Charlie Parker - The Complete Savoy and Dial Master Takes* (2002) an.

Es lohnt sich, die Melodie eines beliebigen Parker-Stücks zu lernen, denn so wirst du eine Meisterklasse im Umgang mit Akkordwechseln auf höchst melodische Weise erhalten. Es ist eine Tatsache, dass er, wenn er ein großartiges Lick komponierte, mit dem er besonders zufrieden war, es oft als Melodie für ein neues Stück verwendete. Alle seine Melodien sind wunderschön konstruiert, und *Billie's Bounce* zeichnet sich durch die wunderbare Verwendung chromatischer Durchgangsnoten aus, da viele der Akkordtöne von einem Halbtonschritt tiefer aus angespielt werden.

Billie's Bounce folgt einer Standard-Jazz-Blues-Form. Die ersten drei Takte enthalten den schnellen Wechsel vom I- zum IV-Akkord:

| F7 | Bb7 | F7 |

Takt vier fügt eine vorübergehende ii V-Bewegung hinzu, die kurz einen Tonartwechsel nach Bb-Dur andeutet, bevor sie zum Bb7 zurückführt. Diese Idee wird manchmal als „temporäres ii V" bezeichnet, weil es nicht darauf abzielt, *tatsächlich* in der Tonart Bb-Dur anzukommen. Es funktioniert, weil das Ziel ein Akkord vom Bb-Typ ist. Wir bleiben im tonalen Zentrum von F, aber für einen einzigen Takt können wir mit unseren melodischen Ideen auf Bb-Dur/G-Moll verweisen.

| Cm7 F7 | Bb7

In Takt sechs sehen wir ein häufiges Merkmal des Jazz-Blues, bei dem der Bb7-Akkord in Bdim7 umgewandelt wird. Dies eröffnet die Möglichkeit, kurz verminderte Arpeggios zu spielen oder eine alterierte Tonleiter wie die Ganzton-Halbton-Leiter zu verwenden.

| Bb7 | Bdim7 |

In Takt acht entfernt sich der Jazz-Blues weiter vom Standard-Bluesformat, da er sich zum vi-Akkord der Tonart bewegt. Der vi-Akkord in F-Dur ist Dm7, aber die Qualität des Akkords wird routinemäßig in eine Dominante (D7) geändert, was wiederum den Solisten die Möglichkeit gibt, modale oder alterierte Skalen für die Improvisation zu verwenden. Beachte, dass die Takte 7-10 eine lange I VI ii V-Sequenz bilden (mit einem zusätzlichen ii-Akkord vor dem D7).

| F7 | Am7 D7 | Gm7 | C7 |

...worauf als Turnaround ein kurzes I VI ii V in den Takten 11-12 folgt.

| F7 D7 | Gm7 C7 |

Charlie-Parker-Vokabular für Jazzgitarre

Jetzt werden wir untersuchen, wie sich Parkers Konzepte auf der Gitarre umsetzen lassen, indem wir uns zehn melodische Ideen über die Changes von *Billie's Bounce* ansehen. Es gibt hier ein paar kürzere Linien, die bestimmte Ideen illustrieren, aber die meisten Beispiele decken die gesamte 12-taktige Bluesform ab. Kombiniere sie und du wirst in der Lage sein, ein Solo über sieben Chorusse des Stücks zu spielen!

Beispiel 1a beginnt mit einem Lick, das in den ersten drei Takten wiederholt und angepasst wird. Nehmen wir uns ein wenig Zeit, um diese Idee aus verschiedenen Blickwinkeln zu analysieren. Für die folgenden Licks werde ich diesen Punkt nicht weiter ausführen, aber zunächst ist es hilfreich zu verstehen, wie Parker melodisch dachte. Höre dir zunächst das Audio zu Beispiel 1a ein paar Mal an.

Das Lick, das im Auftakt beginnt und sich über den ersten Takt erstreckt, kann auf verschiedene Weise interpretiert werden, ist aber ein gutes Beispiel dafür, wie Parker über die Hervorhebung erweiterter oder alterierter Noten denken würde.

Man könnte sagen, dass es sich wie ein Blues-Lick anhört, und in der Tat finden sich alle Noten (außer dem D) in der F-Blues-Tonleiter wieder.

Oder man könnte es als F-Mixolydisch mit einer zusätzlichen Ab-Durchgangsnote erklären.

Aber wie Parker selbst erklärte, ist es wahrscheinlicher, dass er bei einem geraden F7-Akkord an F13 *denken* würde.

Diesem Gedankengang folgend, werden der Grundton und die Quinte von F7 (F und C) zweimal gespielt, dann werden die 11 (Bb) und die 13 (D) hervorgehoben. Die Ab-Note (enharmonisch G#) suggeriert einen F7#9-Klang, wenn sie über F7 gespielt wird.

Das Eröffnungs-Lick wird leicht angepasst, um über den Bb7-Akkord in Takt zwei zu passen. Diesmal können alle Noten als Teil der mixolydischen Bb-Tonleiter betrachtet werden. Oder, Parker könnte einfach denken: *Bb13*. Über einem Bb7-Akkord suggerieren die C- und G-Noten die erweiterten Noten 9 und 13.

Das Lick wird für Takt drei erneut angepasst. Diesmal sind alle Noten in der mixolydischen F-Tonleiter enthalten, und die Bb- und G-Noten deuten die erweiterten Noten 11 und 9 an.

Schauen wir uns nun eine andere Parker-Idee an, die in den Takten 7-8 auftaucht.

Im siebten Takt beginnt die Linie mit einer chromatischen Annäherungsnote einen Halbton unter dem F-Grundton. Die nächsten vier Noten ergeben ein Fmaj7-Arpeggio. Dies zeigt, wie Jazzmusiker dazu neigen, ein tonales Zentrum großzügig zu interpretieren. F7 steht geschrieben, aber die wichtige Information ist einfach, dass F das tonale Zentrum ist. Melodische Linien können daher aus der F-Dur-Tonleiter, der F-Moll-Blues-Tonleiter oder dem mixolydischen Modus erzeugt werden. Welche Tonleiter verwendet wird, hängt von der Farbe oder Stimmung ab, die der Solist erzeugen möchte.

Die zweite Hälfte dieser Linie ist ein chromatischer Walk-up auf der hohen E-Saite. Dies ist ein Beispiel für die chromatische Zielsetzung, die Parker verwendet. Wir haben ein Ziel vor Augen (die G-Note auf Bund 15) und verwenden chromatische Noten, um es zu erreichen. Über F7 hebt die anvisierte G-Note die 9 hervor.

In Takt acht wird zunächst eine A-Moll-Form abwärts gespielt, und die letzten drei Noten des Taktes heben bestimmte erweiterte/alterierte Noten hervor. Der Reihe nach sind es E (9), Eb (b9), B (13) und Bb (b13 oder #5).

Ich verspreche, dass die Erklärungen nach diesem ersten Beispiel weniger ausführlich sein werden - aber ich hoffe, du verstehst die Idee! Ganz gleich, ob du es vorziehst, die oberen Erweiterungen von Arpeggios anzusteuern oder Tonleitern mit hinzugefügten Durchgangsnoten zu spielen, das Ziel ist es, Wege zu finden, um die reichhaltigen Tonalitäten der zugrunde liegenden Harmonie hervorzuheben.

Beispiel 1a

Die nächste Linie beginnt mit einem weiteren Beispiel für chromatisches Anvisieren einer Zielnote. Nach dem Grundton zu Beginn des ersten Taktes folgt ein chromatischer Abwärtslauf, der mit einer Eb-Note (der b7 von F7) beginnt. Das Ziel ist die Bb-Note, die auf Schlag 1 des zweiten Taktes fällt. Viele von Parkers Linien hatten diese Art von *Zug* zu einer Zielnote. Die Tatsache, dass die Bb-Note auf einen Downbeat über einen Bb7-Akkord fällt, bedeutet, dass wir der spannungsgeladenen Schlussnote von Takt eins - einer B-Note, der b5 von F7 - nicht so viel Aufmerksamkeit schenken.

Beachte das Lick in Takt drei. Die letzten vier Noten sind eine gängige Bebop-Phrase in F-Mixolydisch. Die Idee ist, dass die Phrase über einem Dominantakkord eine Bewegung von der großen Terz zum Grundton und dann von der 9 zur b7 hervorhebt.

Über dem F7-Akkord in Takt vier gibt es ein sechstöniges Lick (die sechste Note fällt auf Takt 1 von Takt fünf), das eine weitere Bebop-Phrase darstellt. Die ersten drei Noten heben die 9 (D), den Grundton (F) und die 5 (C#) hervor. Es folgen die 3 (A) und wieder der Grundton. Das Lick endet mit einer C-Note auf Schlag 1 von Takt fünf. Diese Note ist die 5 von F7, aber auch die 9 von Bb7, also eine gute Wahl, um die Akkordwechsel nahtlos zu verbinden.

Auch das Lick in Takt zehn ist eine nähere Betrachtung wert. Wir haben bereits festgestellt, dass Parker oft Arpeggios übereinanderlegt, die aus verschiedenen Stufen des zugrunde liegenden Akkords bestehen. Hier wird über den C7-Akkord (C, E, G, Bb) ein Bbmaj9-Arpeggio gespielt. Dieses spezielle Beispiel ist eine Idee, die Wes Montgomery oft verwendet hat, obwohl er darüber in einfacheren Begriffen dachte.

Ein leicht zu merkender Trick besteht darin, ein Major 7 oder Major 9 Arpeggio einen Ganztonschritt unterhalb des Grundtons eines Dominantakkords zu spielen. Das ist ziemlich einfach, aber das Ergebnis ist sehr effektiv. In diesem Beispiel werden (in dieser Reihenfolge) die 13, b7, 9, 11, 13 und wieder der Grundton hervorgehoben. Das Lick endet mit der #5 und der 3.

Beispiel 1b

Die Idee der Arpeggioüberlagerung wird in diesem nächsten Beispiel erneut verwendet. In Takt sieben wird ein Am7-Arpeggio über dem F7-Akkord gespielt. Man könnte sagen, dass es sich um ein Arpeggio handelt, das von der Terz von F7 aufgebaut ist, aber eine einfachere Art, über diese Idee nachzudenken, ist zu sagen, dass unser tonales Zentrum F-Dur ist, so dass wir ein Arpeggio spielen können, das auf *jedem beliebigen Akkord* der Tonart F basiert.

Über dem D7-Akkord in Takt acht wird eine sehr ähnliche Linie gespielt, die jedoch leicht an den neuen Akkord angepasst ist. Die Hinzufügung einer F#-Note verweist auf die 3 von D7. Die letzte Note von Takt acht (Bb) ist die #5 von D7 und nimmt den darauffolgenden Gm7 vorweg (Bb ist die b3 von Gm7).

Wenn du diese Linie spielst, solltest du darauf achten, die Triolenphrasen leicht „träge" zu spielen. Sie sollen gegen den Beat ziehen und den Eindruck erwecken, leicht hinter dem Beat zu liegen. Dies hilft der Linie wirklich zu swingen.

Beispiel 1c

In Takt sieben von Beispiel 1d haben wir eine sehr typische Parker-Phrase. Sie wird dir wahrscheinlich bekannt vorkommen, weil so viele Musiker, die auf Parker folgten, Phrasen aus seinem Vokabular „entliehen" haben, die dann zu Grundpfeilern der Bebop-Sprache wurden. Es lohnt sich, die Linie, die sich über die Takte 7-8 erstreckt, als eigenständige Phrase zu lernen, denn sie ist eine elegante Art, den Wechsel von Akkord I zu Akkord VI zu bewältigen, der ein Merkmal jedes Jazzblues ist.

Über dem F7-Akkord beginnt die Linie mit einer chromatischen Annäherungsnote und wird dann vollständig aus der F-Dur-Tonleiter aufgebaut. Die E-Note in der F-Dur-Tonleiter ist ein potenzieller Konflikt mit dem Eb (b7) des F7-Akkords, aber diese Spannung ist sehr kurz und wird schnell aufgelöst. Über dem D7-Akkord wird D-Mixolydisch verwendet, aber ich habe zwei Durchgangsnoten (Bb und Eb) hinzugefügt, um die Spannungsnoten #5 und b9 hervorzuheben.

Beachte auch, dass die über dem Gm7 in Takt neun gespielte Phrase recycelt wird, um über den C7 in Takt zehn zu passen.

Beispiel 1d

Die nächsten drei Beispiele sind kürzer und zeigen, wie man ein Solo über *Billie's Bounce* eröffnet und den ersten Teil bis zum Wechsel auf den IV-Akkord bewältigt.

Parker arbeitete mit Dizzy Gillespie zusammen, und es besteht kein Zweifel, dass sie sich gegenseitig stilistisch beeinflusst haben. Diese Linie beginnt mit einem von Dizzy inspirierten hornartigen Lick, aber Takt drei ist klassisch Parker mit seinen Markenzeichen-Triolen.

Beispiel 1e

Die größten Jazz-Solisten beherrschten alle die Kunst, Motive durch ihre Linien hindurch zu entwickeln, und Parker ist da natürlich keine Ausnahme. Die Idee eines Motivs ist es, eine Phrase zu spielen, die sich über die Akkordwechsel hinweg wiederholt, um ein Gefühl der Kontinuität zu schaffen.

Ein Ansatz besteht darin, eine fast identische Linie über jeden Akkord zu spielen und nur die Noten zu ändern, die für den neuen Akkord erforderlich sind. Auf der Gitarre war Jim Hall ein Meister dieses Ansatzes. Die andere Möglichkeit besteht darin, für jeden neuen Akkord andere Noten zu spielen, aber die Phrase rhythmisch identisch oder zumindest sehr ähnlich zu gestalten.

Ich wähle den letzteren Ansatz für die Linie in den Takten 1-3 von Beispiel 1f. Du wirst feststellen, dass sich der „Triller" auf der B-Saite bei jedem Akkordwechsel um einen ganzen Schritt nach unten bewegt. In Takt eins ist diese kleine Bewegung Ab nach A (die #9 zur 3 von F7). Wiederholt man diese Idee über dem Bb7-Akkord einen Ganztonschritt tiefer, ist es Gb zu G - eine spannungsgeladene Bewegung von b13 zu 13.

Wenn du einen Ganztonschritt nach unten gehst und die Phrase erneut über F7 spielst, ergibt sich eine Bewegung von E nach F. Die E-Note stammt aus F-Dur und gilt als zu vermeidende Note über F7, aber da sie auf den F-Grundton zielt, funktioniert die Spannung. Die Linie führt dann abwärts und zielt auf die Eb-Note zu Beginn von Takt vier ab - die b3 des Cm7-Akkords.

Beispiel 1f

In Beispiel 1g werden chromatische Durchgangsnoten verwendet, um die wichtigen zugrundeliegenden Akkordtöne anzuvisieren und die Harmonie zu umweben. Hier verwende ich Parkers Idee, komplette Phrasen zu spielen, unabhängig vom Taktstrich, und dann eine Pause zu lassen, bevor die nächste Idee beginnt. Eine Kombination aus langen und kurzen Phrasen lockert die Phrasierung auf und macht die Linie weniger vorhersehbar.

Beispiel 1g

Kehren wir nun zu einigen längeren Beispielen mit drei vollständigen Blues-Chorussen zurück. Diese Linien enthalten anspruchsvollere Passagen als die vorangegangenen Ideen und zeigen, wie Parker zwischen relativ einfachen Ideen und schnellen Folgen von 1/16-Noten wechseln würde.

In Beispiel 1h erfolgt der schnelle Lauf über den Wechsel von Akkord I zu Akkord VI und endet in der Hälfte von Takt neun. Wenn du den 1/16-Notenlauf über den D7-Akkord lernst, schlage ich vor, ihn in vier „Zellen" aufzuteilen, bevor du sie alle miteinander verbindest. Gehe ihn langsam durch, um die Form in deinem Muskelgedächtnis zu verankern, und steigere dann allmählich das Tempo.

Beispiel 1h

Diese Version von *Billie's Bounce* beginnt mit einigen Blues-Vokabeln und greift erneut den Wechsel von I zu VI auf. Diesmal erstreckt sich die schnelle Linie über die gesamten Takte 7-8. Wie bei der vorigen Linie, verlangsame alles und überlege dir zu Beginn, wie du die Linie greifen und in kleine Abschnitte unterteilen kannst, um sie zu lernen.

Beispiel 1i

Hier ist ein letztes kurzes Solo, das du lernen kannst. Es beginnt mit einigen klassischen Parker-Licks in den Takten 1-6, aber ab Takt sieben ziehe ich alle Register und gebe mit den 1/16tel-Notenläufen richtig Gas! Wie bei den vorherigen Ideen konzentriere ich mich darauf, eine Mischung aus einfachen und erweiterten Akkordtönen zu spielen, und um einen Takt mit 1/16-Noten zu füllen, gibt es chromatische Durchgangsnoten, um die Lücken zwischen den Skalentönen zu füllen.

Gehe das Solo langsam durch, Abschnitt für Abschnitt, und präge dir die Muster ein. Sobald du dir die Linien ins Muskelgedächtnis eingeprägt hast, kannst du dich auf das Musikalische konzentrieren und die Linien wirklich zum Swingen bringen.

Beispiel 1j

Kapitel Zwei - Stan Getz

Kurzer Lebenslauf

Stanley Getz wurde am 2. Februar 1927 in Philadelphia geboren und starb am 6. Juni 1991 in Malibu, Kalifornien. Während der Weltwirtschaftskrise in den 1930er Jahren zog die Familie Getz nach New York, um bessere Arbeitsmöglichkeiten zu finden. Stan arbeitete hart in der Schule und erwies sich als Musterschüler, aber sein Hauptinteresse galt der Musik, und sein Vater kaufte ihm ein Saxophon, als er 13 Jahre alt war. Von diesem Moment an war er wie besessen und übte jeden Tag etwa acht Stunden lang.

Getz war stark vom Spiel seines Idols Lester Young beeinflusst und bekam 1943 im Alter von 16 Jahren regelmäßig Jobs in der Band von Jack Teagarden. Eins kam zum anderen, und schließlich bekam er die Gelegenheit, mit Nat King Cole und Lionel Hampton zu spielen.

In den späten 1940er Jahren war Getz Mitglied der Big Band von Woody Herman, spielte aber auch in Bebop- und Cool-Jazz-Bands. Als Tenorsaxophonist wurde er zu einer der führenden Persönlichkeiten der so genannten „Cool School" des Jazz. Wegen seines warmen, weichen Tons und seiner lyrischen Artikulation (er spielte oft ohne Vibrato) wurde er von seinen Mitmusikern „The Sound" genannt.

Im Laufe der Zeit entwickelte Getz seinen eigenen unverwechselbaren Stil und wirkte 1962 auf Charlie Byrds Album Jazz Samba mit, das zur wachsenden Popularität des Latin Jazz beitrug. Im folgenden Jahr arbeitete er mit den brasilianischen Musikern João Gilberto und Antonio Carlos Jobim zusammen. Einer der Titel auf dem daraus resultierenden Album - *Getz/Gilberto* - war *The Girl From Ipanema*. Der Gesang wurde ganz zum Schluß von Astrud, Gilbertos Frau, hinzugefügt. Das Stück wurde ein großer internationaler Hit und erhielt 1965 einen Grammy für die Platte des Jahres. Es gilt als das am zweithäufigsten gecoverte Lied in der Geschichte der Popmusik, nach *Yesterday* von den Beatles.

Merkmale von Getz' Stil

Obwohl Stan Getz oft vor allem mit seinem Cool und Latin Jazz in Verbindung gebracht wird, war er auch im Bebop sehr bewandert. Auf seinem Album *Captain Marvel* aus dem Jahr 1974, das er zusammen mit Chick Corea aufnahm, hört man sein atemberaubendes Bebop-Spiel. Hier sind einige Merkmale von Getz' Stil.

1. *Wiederverwendung von Licks.* Ein Merkmal der Bebop-Improvisation, über das nicht oft gesprochen wird, ist die Idee der Wiederverwendung von Licks. Die meisten Spieler kennen die Idee, ein Lick *wiederzuverwenden*, d. h. es auf einem anderen Taktschlag zu beginnen oder es rhythmisch zu verändern usw. Aber die Fähigkeit, die Getz auszeichnete, war, Licks chromatisch zu verschieben, um sie in einem völlig anderen Kontext zu spielen. In den folgenden Beispielen siehst du, wie er ein und dasselbe Lick über ganz verschiedene Akkordwechsel spielt oder es chromatisch verschiebt, um üppige erweiterte oder alterierte Klänge hervorzubringen.

2. *Chromatische Durchgangsnoten.* In einer weiteren Tradition des Bebop fügte Getz chromatische Durchgangsnoten zu Akkordskalen hinzu. Im Kontext der ii V-Kadenz deutet eine Analyse seiner Linien darauf hin, dass er sich hauptsächlich auf den Dominant-Akkord konzentrierte und mit den hinzugefügten Durchgangsnoten dem Klang der Bebop-Dominant-Skala nahe kam.

3. *Verminderte None über der Dominante.* Getz mochte, wie Charlie Parker, den Klang von 7b9, wenn er über einem Dominantakkord spielte, und verwendete ihn häufig. Er spielte diese Bewegung aber

auch als Tritonus- oder b5-Substitution. Zum Beispiel könnte er über eine ii V I in C-Dur (Dm7 - G7 - Cmaj7) eine Db7b9-Figur über dem G-Dominant-7 spielen (Db ist die b5 von G7).

4. *Side Stepping.* Getz benutzte gelegentlich Side Stepping, um einem Solo Spannung und Auflösung zu verleihen. Er spielte z. B. ein Motiv und bewegte es dann einen halben Schritt nach oben, bevor er zur ursprünglichen Tonalität zurückkehrte.

5. *Question and Answer.* Getz' Phrasen sind immer gut durchdacht und enthalten viele Frage- und Antwortphrasen. Besonders in seinem Cool-Jazz-Spiel geben diese wohlgeformten musikalischen Aussagen seinen Soli ein starkes Gefühl der Kontinuität.

Klassische Aufnahme: Cherokee

Die klassische Aufnahme von Stan Getz, auf die ich mich konzentrieren möchte, ist *Cherokee* aus dem Album *Hamp & Getz* von 1955, eine wunderbare Zusammenarbeit mit dem Vibraphonisten Lionel Hampton. Zum Zeitpunkt der Veröffentlichung hielten die Musikkritiker die Verbindung von Getz' kühler Sensibilität mit Hamptons rasender Energie für eine seltsame Paarung, aber es funktionierte erstaunlich gut.

Cherokee ist der Eröffnungssong und eine 9,5-minütige Tour de Force der melodischen Improvisation. Die Besetzung wurde durch den legendären Shelley Manne am Schlagzeug, Leroy Vinnegar am Bass, Lou Levy am Klavier und einen ungenannten, heute leider vergessenen Posaunisten vervollständigt.

Cherokee folgt einer Standard-AABA-Form. Der A-Teil ist 16 Takte lang, mit einem ersten und einem zweiten Schluss. In diesem Kapitel werden wir uns nur auf den ersten Durchgang konzentrieren, da der einzige Unterschied zum zweiten Durchgang darin besteht, dass die Progression zur Tonika aufgelöst wird. Normalerweise wird das Stück in der Tonart Bb-Dur gespielt, und im Folgenden finde die die am häufigsten gespielte Version der Akkorde:

| Bb6 | % | Bb7 | % | Ebmaj7 | % | Ab9 | % |

| Bb6 | % | C7 | % | Cm7 | G7b9 | Cm7 | F7#5 |

Der B-Teil durchläuft die Tonarten im Abstand von einem Ganztonschritt durch eine Reihe von ii V I, beginnend mit B-Dur, über A-Dur, G-Dur und F-Dur, bevor er eine Quarte nach oben springt, um nach B-Dur zurückzukehren. Der Wechsel zur Tonika erfolgt über ein temporäres ii V (der Fmaj7-Akkord wird nicht gespielt). Stattdessen wird der C7-Akkord zu Cm7, dem ii-Akkord von B-Dur, geändert, was den Übergang sanfter macht.

Die Bridge ist ein großartiges Workout, um deine ii V I Licks zu testen, da du dich durch verschiedene Tonarten bewegst!

| C#m7 | F#7 | Bmaj7 | % |

| Bm7 | E7 | Amaj7 | % |

| Am7 | D7 | Gmaj7 | % |

| Gm7 | C7 | Cm7 | F7#5 |

Am Ende des Stücks wird der A-Teil mit dem zweiten Schluss wiederholt.

Stan Getz Vokabular für Jazzgitarre

In unserer Version von *Cherokee* gibt es ein paar Änderungen bei den Akkordwechseln. In Takt drei ist der Akkord Fm7, der II-Akkord zum Bb7 des nächsten Taktes. In den Takten 9-10 werden anstelle von zwei Takten Bb6 zusätzliche Akkorde hinzugefügt, um mehr Bewegung zu erzeugen und Optionen für melodische Improvisationen zu eröffnen.

Nun wollen wir sehen, wie sich der coole, vom Bebop beeinflusste Stil von Stan Getz auf die Gitarre überträgt. Die ersten acht Beispiele hier werden über den A-Teil-Changes gespielt. Die letzten beiden werden über die Bridge gespielt.

Dieses erste Beispiel zeigt, wie Getz typischerweise die Changes mit einer Kombination aus starken melodischen Phrasen und chromatischen Durchgangsnoten umspielt. Das dreistimmige absteigende Motiv wechselt zwischen Bb-Dur und Bbmaj7, während die aufsteigenden chromatischen Noten auf der D-Saite (G, Ab, A) die 6, b7 und 7 des B-Akkords hervorheben.

Getz vereinfachte seine Herangehensweise oft, indem er die so genannte *harmonische Generalisierung* verwendete. Mit anderen Worten, er konzentrierte sich bei einer ii V-Sequenz (wie in den Takten 7-8) auf nur einen Akkord und spielte Noten aus dessen Tonleitern/Arpeggios über beide Akkorde. In diesem Fall spielst du in Takt sieben Eb-Moll-Arpeggio-Noten und verwendest sie in Takt acht über dem Ab7 weiter.

In Takt acht werden durch das Überlagern von Eb-Moll-Tonarten über Ab7 (in dieser Reihenfolge) die 9 (Bb), b7 (Gb), 13 (F) und 3 (C) von Ab7 hervorgehoben. Wenn du diesen Bebop-Trick noch nicht kennst, ist das Spielen eines Moll-Arpeggios eine reine Quinte über einem Dominant-Akkord ein einfacher Weg, um auf die Klangfarben einiger erweiterter Noten zuzugreifen. Probiere es selbst aus, indem du einen Dominant-7-Akkord-Vamp aufnimmst und die Moll-Arpeggio-Noten darüber spielst.

Beispiel 2a

Beispiel 2b baut auf der Motividee auf, mit der Beispiel 2a begann, und verwendet eine Reihe von absteigenden Viertonfiguren. In den Takten 1-2 ergibt die erste Vier-Noten-Phrase ein Bb6-Arpeggio. Danach folgt eine seitlich verschobene Phrase *(Side-Stepping)*. Abgesehen von der tiefen G-Note ist die gesamte Phrase um einen Halbtonschritt nach unten verschoben.

Wir könnten die Noten der sich daraus ergebenden Spannungen analysieren und uns einen Akkord ausdenken, den sie suggerieren, aber das ist nicht wirklich der Sinn der Technik - wir sind innerhalb der Harmonie, dann bewegen wir uns für Spannung nach draußen und kommen für die Figuren in Takt zwei wieder zurück.

Es lohnt sich, die Linie in den Takten 3-5 auswendig zu lernen, da dies eine klassische Bebop-Methode ist, um durch ein Major ii V I zu spielen, und du diese Idee sicher schon bei vielen der Großen gehört hast.

Bemerkenswert ist auch die schwungvolle 1/8-Notenlinie, mit der die Takte 9-12 durchlaufen werden. Im Wesentlichen handelt es sich um dieselbe Phrase, die über zwei Oktaven gespielt wird. Zu Beginn spielst du in Position fünf, dann musst du auf Position acht springen. Für einen reibungslosen Übergang spielst du die Bb-Note auf der hohen E-Saite im 6. Bund mit dem Zeigefinger und verlagerst dann die Greifhand nach oben, um mit dem vierten Finger die Eb-Note im 11. Bund zu spielen. Deine Hand befindet sich nun bequem in der achten Position.

Beispiel 2b

Die nächste Linie beginnt mit einem weiteren Beispiel für Getz' Side-Stepping-Technik. Die Phrase in den Takten 1-2 wird in den Takten 3-4 einen Halbtonschritt weiter oben wiederholt.

Die Takte 3-4 zeigen, wie nützlich diese sehr einfache Technik sein kann. Hier ist die Progression Fm7 zu Bb7. Wir können uns auf eine der beiden Tonarten konzentrieren. Nehmen wir an, wir entscheiden uns für Bb7 und behandeln beide Takte als einen dominanten Klang. Der Effekt der seitlich verschobenen Linie ist, dass die alterierten Töne #5 und b9 über Bb7 hervorgehoben werden, plus dessen b7 und die erweiterte 11. Wir haben lediglich eine Phrase um einen Halbtonschritt verschoben, und plötzlich haben wir eine raffinierte alterierte Linie.

Die Takte 5-8 enthalten ein Motiv, das angepasst wird, um die darunter liegenden Akkordwechsel zu berücksichtigen. Versuche zum Üben, eine einfache Phrase über einen Akkord zu spielen, und prüfe dann, wie sich diese Phrase ändern muss, damit sie über den nachfolgenden Akkord funktioniert. Manchmal musst du gar keine Noten ändern, manchmal nur eine oder zwei. Das ist eine großartige Technik, um solide klingende Linien aufzubauen, und hilft dir, dein Wissen über Akkordtöne zu verankern.

Der schwierigste Teil dieses Beispiels ist die Linie, die sich über die Takte 13-17 erstreckt. Lerne sie, indem du sie in vier verschiedene Phrasen aufteilst, bevor du sie zusammenfügst. Die Linie, die über dem Cm7-Akkord in den Takten 13 und 15 gespielt wird, basiert auf der bekannten Ebmaj7-Akkordform in der zehnten Position. Visualisiere sie, und das Lick wird sofort leichter zu spielen sein.

Beispiel 2c

Viele von Stan Getz' Linien waren recht verspielt und er hatte definitiv einen musikalischen Sinn für Humor. Die Takte 1-8 zeigen, was er spielen könnte. Es ist sehr einfach, aber effektiv, da es einen so starken Rhythmus hat. In den Takten 9-12 gibt es ein weiteres Beispiel für die Adaption eines einfachen Motivs über die Akkordwechsel.

Beispiel 2d

In den ersten Takten des nächsten Beispiels wird eine Arpeggio-Sequenzierung verwendet. Dies bedeutet einfach, dass Noten in einem sich wiederholenden Muster gespielt werden, um eine Phrase zu erzeugen. Die Sequenz über Bb6 in den Takten 1-2 wird in den Takten 3-4 Note für Note wiederholt, hat aber über Fm7 und Bb7 eine andere Wirkung. In den Takten 5-8 verändern wir wieder ein Motiv, spielen aber auch mit dem Rhythmus. Über dem F7alt-Akkord in Takt 16 liegt ein typischer chromatischer Lauf von Getz, der auf die F-Note, die 5 von Bb6, am Anfang von Takt 17 abzielt.

Beispiel 2e

Die nächste Idee ist ein Paradebeispiel für Getz' Ansatz der *Wiederverwendung von Licks*. In den Takten 7-8 sehen wir das Lick, das in Beispiel 2c verwendet wurde, hier über die Akkorde Ebm7 und Ab7 gespielt. Diesmal wird das Lick um einen Ganztonschritt statt um einen Halbtonschritt nach oben verschoben, um über die aufsteigende Akkordfolge in den Takten 9-10 gespielt zu werden.

Beispiel 2f

Dieses Lick enthält ein adaptiertes Motiv in den Takten 5-8, aber dieses Mal ist es eine längere Linie, die aus konstanten 1/8-Noten besteht. Die in den Takten 5-6 gespielte Figur verwendet Noten aus der Bb-Dur-Tonleiter mit einer zusätzlichen Durchgangsnote (B). In dieser Phrase muss nur eine Note geändert werden, damit sie über Ebm7 und Ab7 passt. Die G-Note wird zu Gb, um von der großen Terz zur kleinen Terz zu gelangen. Ich schlage vor, diese Linie zu lernen, indem man sie in zwei zweitaktige Phrasen aufteilt.

Beispiel 2g

Die ii V-Kadenz ist das A und O aller Jazz-Standards. Daher ist es immer interessant zu analysieren, wie verschiedene Spieler melodische Ideen darüber aufbauen. In diesem Beispiel werden wir zwei solcher Linien näher untersuchen.

Die erste ist in den Takten 7-8. Der Wechsel von Ebm7 zu Ab7 deutet kurzzeitig die Tonart Db-Dur an, aber es handelt sich um ein „temporäres" ii V und moduliert tatsächlich zurück nach Bb-Dur. Die hier gespielte Linie legt in beiden Takten den Schwerpunkt auf den Dominantakkord. Schauen wir uns zuerst Takt acht an. Er ist ein Beispiel für das Spielen auf der b9 des Dominantakkords - ein Parkerismus, den Getz übernommen hat.

In Takt sieben ist eine komplexere Idee am Werk. In meinen Kommentaren zu Getz' stilistischen Merkmalen habe ich bereits erwähnt, dass er manchmal ein Arpeggio einen Tritonus (b5) über einem Dominantakkord spielt. Obwohl der Akkord im siebten Takt als Ebm7 angegeben ist, sollten wir nicht vergessen, dass wir in beiden Takten an *Ab7* denken. Hier wird eine übermäßige D-Form verwendet, um die b5-Spannung zu erzeugen.

Die nächste ii V-Linie erscheint in den Takten 13-14. Über dem Cm7-Akkord in Takt dreizehn stammen die Noten aus C-Dorisch (eine Bb-Dur-Tonleiter, die auf C beginnt und endet) und die ersten fünf Noten sind ein gerader Lauf auf der Tonleiter.

Über dem G7b9-Akkord heben wir wieder die b9 hervor. Die Noten stammen aus einem G7b9-Arpeggio und zwei chromatische Durchgangsnoten werden verwendet, um die Arpeggiotöne zu verbinden. Die Phrase wird auf Schlag 1 von Takt fünfzehn aufgelöst, wenn sie wieder auf einer G-Note landet.

Beispiel 2h

Für die letzten beiden Beispiele gehen wir zum Mittelteil des Stücks über - 16 Takte, die verschiedene Tonarten durchlaufen, wobei sie sich wieder auf Bb-Dur zurückbewegen. Die ersten zwölf Takte bewegen sich von B-Dur über A-Dur nach G-Dur. Die letzten vier Takte enthalten ein vorübergehendes ii V (Gm7 nach C7, was F-Dur impliziert) und das ii V, das zurück nach Bb-Dur führt (Cm7 bis F7).

Eine gute Strategie für das Spielen durch solche tonalen Zentren, die durch einen Ganztonschritt voneinander getrennt sind, besteht darin, ein Motiv zu entwickeln und es bei jedem Wechsel des tonalen Zentrums zu modulieren. Bei einem Up-Tempo-Stück wie *Cherokee*, bei dem die Changes schnell und mit großen Tonartverschiebungen gespielt werden, kann es für den Zuhörer etwas verwirrend sein, der Harmonie zu folgen, daher ist es gut, ihm etwas zu geben, an dem er sich festhalten kann.

Beispiel 2i verwendet einfache intervallische Sprünge, um die Harmonie zu umreißen, und diese viertaktige Idee wird für jeden Tonartwechsel wiederholt. Bei den schnelleren ii V-Wechseln in den letzten vier Takten weichen wir von dieser Idee ab.

Beispiel 2i

Hier ist eine andere Möglichkeit, diese Idee anzuwenden. In diesem letzten Beispiel spielen wir ein zweitaktiges Motiv, das über die Akkorde ii und V passt, dann wird das Motiv für den I-Akkord angepasst. Die Linie wird moduliert, um jedem Tonartwechsel zu folgen.

Beachte, dass die erste Note, die über jedem Major-7-Akkord gespielt wird, einen Halbtonschritt unter der ersten Note liegt, die über jedem Moll-7-Akkord gespielt wird. Es ist die Bewegung von der b7 des II-Akkords zur 7 des I-Akkords. Diese einfache Bewegung verstärkt den Eindruck, dass die Harmonie ständig absteigt.

Beispiel 2j

Kapitel Drei - Sonny Rollins

Kurzer Lebenslauf

Walter Theodore „Sonny" Rollins wurde am 7. September 1930 geboren und kann auf eine sieben Jahrzehnte umspannende Karriere mit über sechzig Alben als Leader zurückblicken. Rollins wurde in New York City geboren und wuchs in Harlem auf, wo er im Alter von etwa acht Jahren zum ersten Mal das Saxophon in die Hand nahm. Sein erstes Instrument war eigentlich das Klavier, aber dann probierte er das Altsaxophon aus und entschied sich schließlich für das Tenorsaxophon.

Er machte sich erstmals 1949 einen Namen, als er mit Bud Powell spielte, und nahm zwischen 1951 und 1953 mit Charlie Parker, Miles Davis und Thelonious Monk auf. Letzterer war ein wichtiger musikalischer Mentor für Rollins, und er sagte über ihn: „Thelonious war anders... so einzigartig, so einmalig... Ich betrachte ihn als meinen Guru. Ich habe von jedem, mit dem ich gespielt habe, eine Menge gelernt, aber Monk war ein zukunftsorientierter Künstler, und wir waren sehr eng befreundet. Ich habe viel von dem profitiert, was er wusste..."

In den darauffolgenden Jahrzehnten hat Rollins seine produktive Arbeit fortgesetzt und mit allen wichtigen Persönlichkeiten des Jazz gespielt bzw. Aufnahmen gemacht. Es ist unmöglich, ihm in dieser kurzen Biografie gerecht zu werden, daher empfehle ich dir dringend, dir seinen umfangreichen musikalischen Katalog anzuschauen. Mehrere seiner Originalkompositionen sind zu unverzichtbaren Jazzstandards geworden, darunter *St Thomas*, *Oleo*, *Doxy*, *Tenor Madness*, *Pent-Up House*, *No Moe* und *Airegin*.

Rollins ist als „Meister der intelligenten Spontaneität" beschrieben worden. Mit anderen Worten, er ist ein so natürlicher Improvisator, dass viele seiner Soli durchkomponiert klingen, obwohl sie es nicht sind. Er ist gleichermaßen bekannt für seine Energie, seine Ausdauer und seinen großen, sonoren Ton. Wenn du nicht weißt, wo du mit dem Hören von Rollins anfangen sollst, beginne mit *Saxophone Colossus* - dem Album, von dem das Stück für diese Kapitels stammt - und auch *Tenor Madness*.

Merkmale von Rollins' Stil

1. *Thematische Entwicklung.* Sonny Rollins ist auch als Meister der thematischen Improvisation bezeichnet worden. Viele Kommentatoren glauben, dass er dies von seinem Mentor Monk übernommen hat - die Fähigkeit, ein Thema über eine Reihe von Akkordwechseln zu entwickeln und es dann endlos zu verändern und zu abstrahieren. Diese Idee geht über das Spielen kurzer Motive als Teil eines Solos hinaus; Rollins' übergreifendes Thema ist oft während eines gesamten Solos zu hören.

2. *Rhythmische Einfachheit versus Komplexität.* Mehr als jede andere Saxophonlegende ist Rollins derjenige, der aus nur einer oder zwei Noten das Maximum herausholen kann. Er scheut sich nicht, ein zweitöniges Thema zu entwickeln und dann rhythmisch damit zu spielen, um das Maximum aus der Idee herauszuholen. Da er sein Instrument jedoch technisch perfekt beherrscht, kontrastiert er diese Einfachheit mit komplexen melodischen Linien und Läufen.

3. *Nutzung des gesamten Tonumfangs.* Rollins hat schon immer den gesamten Tonumfang seines Instruments ausgenutzt, so dass seine Linien oft Arpeggio-Läufe enthalten, die tief beginnen und dann in den oberen Bereich seines Tenorsaxophons vordringen, und auch intervallische Sprünge verwenden.

4. *Über die Changes hinausgehen.* Rollins ist ein Spieler, dem es oft weniger darum geht, durch die Changes

zu spielen, als vielmehr darum, Linien und melodische Ideen zu entwickeln, die über die Akkordwechsel hinausgehen. (Er hat es oft vorgezogen, in Trios zu spielen, weil ihm das mehr harmonische Freiheit gibt). Das Ergebnis ist, dass er manchmal melodische Ideen spielt, die den Anschein erwecken, als würde er eine Tonalität über eine andere legen - aber in Wirklichkeit entspringen diese Ideen eher seinem Bestreben, eine melodische Idee zu adaptieren, als einem bewussten „jetzt lege ich *das* über *das*."

Klassische Aufnahme: St. Thomas

St. Thomas ist eines der bekanntesten Stücke von Sonny Rollins. Das *Saxophone Colossus*-Album, von dem es stammt, wurde im Juni 1956 im Studio von Rudy Van Gelder in New Jersey aufgenommen. Mit dabei waren Tommy Flanagan am Klavier, Doug Watkins am Bass und Max Roach am Schlagzeug.

St Thomas basiert grob auf dem traditionellen englischen Volkslied *The Lincolnshire Poacher*. Letzteres wurde zu einem Kinderlied, das um die Welt ging und auch die Jungferninseln (zu denen St. Thomas gehört) erreichte, und Rollins Mutter sang es ihm vor, als er ein Kind war.

St. Thomas wird normalerweise mit einem Calypso-Groove gespielt und hat eine ziemlich einfache Akkordfolge. Bei diesem Stück geht es vor allem um das Gefühl und das Einfangen seiner karibischen Stimmung. Das ganze Stück ist nur 16 Takte lang. Wenn das Hauptthema gespielt wird, nehmen einige Annäherungsakkorde einen Halbton höher die Akkordwechsel vorweg, aber für Soli wird ein einfacherer Ansatz gewählt. Das Stück steht in der Tonart C-Dur, und hier sind die gebräuchlichen Solo-Akkorde:

| Cmaj7 | Em7 A7 | Dm7 G7 | C6 |

| Cmaj7 | Em7 A7 | Dm7 G7 | C6 |

| Em7b5 | A7 | Dm7 | G7 |

| C7 C7/E | F6 F#°7 | Dm7 G7 | C6 |

Man kann die Qualität des Kinderreims in der Harmonie hören, die sich schön auflöst und immer weiterdreht.

Sonny Rollins' Vokabular für Jazzgitarre

Auch wenn *St. Thomas* in den Kanon der Jazzstandards aufgenommen wurde, sollte man nicht vergessen, dass es sich um einen Calypso und nicht um einen Bossa Nova des Latin Jazz handelt. Aus diesem Grund enthalten mehrere unserer Rollins-Beispiellinien das karibische Gefühl. Beispiel 3a weist sowohl die rhythmische Einfachheit als auch die thematische Entwicklung auf, die für Sonnys Spiel charakteristisch sind.

Beispiel 3a

Oft demonstriert Rollins, was man mit nur ein paar Noten und viel Raum machen kann. Dann kontrastiert er diese Idee mit komplizierteren Linien. Beispiel 3b folgt diesem Muster. Die ersten vier Takte sind karg gehalten und deuten die Harmonie kaum an, doch die nächsten zwölf Takte führen sie detaillierter aus.

Die Linie, die sich über die Takte 5-8 erstreckt, verwendet nur Noten der C-Dur-Tonleiter. Das bedeutet jedoch nicht, dass wir nur einfach klingende Phrasen spielen müssen. Mit einer sorgfältigen Notenplatzierung können wir immer noch interessante erweiterte Akkordklänge erzeugen.

In Takt sechs über dem Em7-Akkord heben die Noten G, A und E die 3, 11 bzw. den Grundton hervor. Für den A7-Akkord spiele ich genau dasselbe Lick einen Ganztonschritt darunter. Die Noten sind immer noch in der C-Dur-Tonleiter enthalten, aber wenn ich sie über einen A7-Akkord lege (der nicht zur Tonart C-Dur gehört), heben die Noten F, G und D die 5, 7 und 11 des Akkords hervor.

Die Takte 10-11 enthalten ein Beispiel für das, was ich als harmonisches Targeting bezeichnen würde. Das „Ziel" besteht darin, Noten aus einem Dm9-Arpeggio über dem Dm7-Akkord in Takt 11 zu spielen. Um dorthin zu gelangen, spiele ich das gleiche Lick einen Ganztonschritt höher und dann einen Halbtonschritt tiefer. Das bedeutet, dass die ersten beiden „chromatischen" Licks über den A7-Akkord fallen.

Hier dachte ich weniger an die Spannungen, die die Noten erzeugen würden, als vielmehr daran, ein Muster in Halbtonschritten auf ein Ziel hin zu bewegen. Abgesehen davon weist das Muster viele erweiterte/alterierte Noten auf. Zu Beginn von Takt zehn sind die Noten G, F#, D und B die b7, 13, 11 und 9 von A7. Wiederholt man dasselbe Lick einen Halbtonschritt tiefer, so ergeben sich die 13, b13, 3 und b9 von A7.

Viele moderne Jazz-Gitarristen nutzen diese Idee, Phrasen sequenziell zu verschieben, um zu sehen, welche Auswirkungen dies auf die Harmonie hat. Es lohnt sich also, in den Übungsstunden damit zu experimentieren.

Beispiel 3b

Die nächste Linie beginnt mit einem Beispiel dafür, wie Sonny Rollins mit rhythmischen Ideen spielt, um das Beste aus nur ein paar Noten herauszuholen. Es mag kontraintuitiv erscheinen, hier nicht auf Schlag 1 des ersten Taktes zu spielen, aber probiere es aus. Rollins spielt eine ähnliche Linie auf einer Aufnahme von *St. Thomas* und bringt die Noten mit seiner starken Technik wirklich zum Vorschein.

Dieses Beispiel zeigt Rollins' Tendenz, eine einfache Idee mit einem sehr starken Rhythmus als Sprungbrett für kompliziertere Licks zu verwenden. Während also die Takte 1-8 einfach sind, werden in den Takten 9-16 komplexere Ideen eingeführt.

Konzentrieren wir uns nun auf Takt neun. Hier wende ich einen Bebop-Substitutionstrick an, der oft verwendet wird, um Linien über 7b5-Moll-Akkorden zu erzeugen. Die Idee ist, eine melodische Molltonleiter eine kleine Terz über dem Grundton des Akkords zu spielen, d. h. für einen Em7b5-Akkord würden wir G-Melodisch-Moll spielen, das eine kleine Terz (drei Bünde) höher ist.

G-Melodisch-Moll hat die Noten G, A, Bb, C, D, E, F#

Schaue dir das folgende Diagramm an und du wirst feststellen, dass es alle Akkordtöne von Em7b5 enthält.

Normalerweise würden wir bei einem Moll-ii-V, wie dem Wechsel von Em7b5 zu A7 in den Takten 9-10, eine Art D-Moll-Tonleiter spielen und dabei Em7b5 und A7 als ii bzw. V-Akkorde behandeln.

In diesem Fall betrachten wir jedoch Em7b5 als vi-Akkord in der harmonisierten Skala von G-Melodisch-Moll. Wenn man G-Melodisch-Moll über Em7b5 spielt, entsteht ein Moll-(Major)-7-Klang, der mehr Geschmack und eine subtile Spannung hinzufügt.

Spiele den Em7b5-Akkord in der siebten Position und dann G-Melodisch-Moll darüber, um zu hören, wie diese Idee klingt. Ich habe die Noten der Skala so angeordnet, dass sie auf E beginnen und enden.

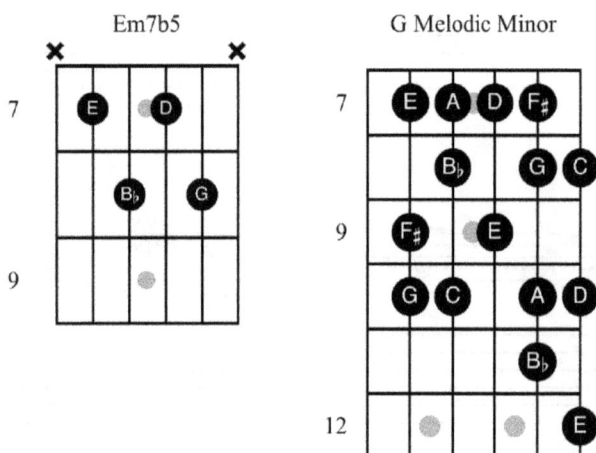

Wenn du das nächste Mal die Folge Em7b5 - A7 - Dm7 in einem Moll-Jazzstück sehen, versuche, die Akkorde ii und V in G-Melodisch-Moll zu spielen und wechsle dann für den Dm7 zu D-Melodisch-Moll. Das wird deine Linien aufpeppen und verhindern, dass sie routinemäßig klingen.

Beispiel 3c

Beispiel 3d beginnt mit einer Phrase im Stil eines Kinderlieds. Sonny Rollins scheute sich nicht, seinen Sinn für Humor in sein Spiel zu integrieren, und dies ist ein Beispiel dafür, was er tun könnte. Es ist eine verspielte Linie, die die Karnevalsatmosphäre heraufbeschwört, die *St. Thomas* hervorrufen soll.

In Takt neun, wo die Linie komplexer wird, wähle ich einen anderen Ansatz für melodische Molltonleitern. Über dem Em7b5-Akkord entscheide ich mich diesmal für D-Moll (D, E, F, G, A, B, C#). Die C-Note in dieser Phrase ist eine chromatische Durchgangsnote.

Für den A7-Akkord verwende ich eine weitere gängige Bebop-Substitution. Diesmal betrachte ich das A7 als eine alterierte Dominante, also möchte ich die alterierte Tonleiter darüber spielen (der siebte Modus der melodischen Molltonleiter). Eine schnelle Möglichkeit, diesen Klang zu erreichen, ist, eine melodische Molltonleiter zu spielen, deren Grundton einen Halbton über der alterierten Dominante liegt, d. h. über A7 würden wir Bb-Melodisch-Moll spielen.

Die alterierte Skala in A hat die Noten A, Bb, B#, C#, Eb, F, G. Die Bb-Melodisch-Moll-Skala hat die gleichen Noten, und oft ist es einfacher, an eine vertraute Molltonleiter zu denken, als an eine alterierte Tonleiter. Der Nachteil dieses Ansatzes ist natürlich, dass wir die alterierte Skala in A nicht vom Grundton des A7-Akkords aus spielen, und es ist ratsam, sich Tonleitermuster vom Grundton aus einzuprägen, wenn man das kann. Wenn du jedoch die melodische Molltonleiter einen Halbtonschritt höher spielst, bist du aus dem Schneider!

Es lohnt sich, dieses spezielle Lick auswendig zu lernen, denn er gehört zum Grundvokabular des Bebop und landet schön auf der 5 des folgenden Dm7-Akkords.

Beispiel 3d

Die Takte 1-8 der nächsten Linie zeigen, wie Rollins ein Thema entwickeln könnte. Der größte Teil der Takte 1-4 wird wiederholt, mit nur einer leichten Variation in Takt sechs.

In Takt neun haben wir ein typisches Bebop *Enclosure* Lick. Dabei geht es darum, eine bestimmte Note anzusteuern und sie mit Noten von oben und unten zu umspielen. Hier ist die Zielnote das E auf der hohen E-Saite, 12. Bund. Allerdings habe ich diese Linie mit einer 1/8-Pause unterbrochen, so dass die E-Note in den zehnten Takt verschoben wird.

Für den A7-Akkord verwende ich die harmonische Moll-Skala in D, um eine Linie zu schaffen, die auf die F-Note (die 5 von Dm7) auf Takt 1 von Takt 11 zusteuert.

Rollins spielte oft ausladende Arpeggios, die den gesamten Tonumfang seines Tenorsaxophons nutzten. Das Lick in Takt dreizehn ist ein Lick im Sonny-Stil, bei dem ein C-Dur-Dreiklang über zwei Oktaven sequenziert wird.

Beispiel 3e

Du wirst bemerkt haben, dass wir uns in diesen Beispielen stark auf die Takte 9-12 konzentrieren, da sich hier ein Großteil der Handlung abspielt. Diesmal verwende ich in Takt neun die einfache C-Dur-Tonleiter mit einer chromatischen Durchgangsnote (Bb), um mich der A-Note auf dem letzten Schlag des Taktes zu nähern. Die Platzierung der A-Note hier nimmt den A7 in Takt zehn vorweg.

Für den A7-Akkord spiele ich einen Lauf der harmonischen Moll-Tonleiter in D. Die Linie enthält alle Noten eines A7b9-Akkords.

Achte auf die 1/8-Triolen in dieser Linie, die dazu dienen, den Rhythmus aufzubrechen.

Über dem G7-Akkord in Takt zwölf habe ich hier ein G7#5b9-Arpeggio gespielt: G, Ab, B, D# (unten als Eb notiert), F. Das Lick enthält sowohl die 5 als auch die #5.

Beispiel 3f

Rollins ist ein Meister der rhythmischen Phrasierung und bricht seine Linien oft auf, indem er Pausen einfügt, wo man sie nicht erwartet. Dadurch wird die Harmonie *verschoben* und verschleiert, was sonst wie ein ziemlich routinemäßiges Lick klingen könnte. Beachte in der folgenden Linie, dass wir in den Takten 1-8 eine Gruppe vollständiger Phrasen haben, von denen keine auf dem ersten Schlag eines Taktes beginnt, und die alle über die Taktlinie hinweg verlaufen.

Es erfordert ein gutes Zeitgefühl, um eine solche Idee umzusetzen, aber wenn du ein gutes Gespür für den Puls des Grooves hast und genau darauf achtest, wo die Akkordwechsel stattfinden, kann diese Idee deine melodischen Linien wirklich auffrischen. Sie ist kohärent, weil du komplette Phrasen spielst, aber unerwartet, weil sie nicht an vorhersehbaren Stellen auftreten.

Beispiel 3g

Hier ist eine kompliziertere Linie, die den Changes in einem eher klassischen Bebop-Stil folgt. In den ersten Takten verwende ich wieder die harmonische Molltonleiter in D. Während der Akkord in den Takten 2 und 3 von A7 zu Dm7 wechselt, ist zu beachten, dass ich die letzte Note von Takt 2 kurz auf einer G#-Note hängen lasse, was einen kurzen Moment der Spannung verursacht, der sich zu Beginn von Takt 3 zur 3 von Dm7 (F) auflöst.

Das Improvisieren über wechselnde ii-V-Sequenzen macht einen großen Teil der Herausforderung des Jazz aus, daher ist es gut, diese Bewegungen zu isolieren und verschiedene Linien auszuprobieren. In den Takten 6-8 dieses Beispiels verwende ich einen zielgerichteten Ansatz, um mich auf bestimmte Akkordtöne zu konzentrieren, die ich hervorheben möchte. Auf Takt 3 von Takt sechs ziele ich wieder auf das C# des A7-Akkords, das seinen Klang deutlich hervorhebt. Der Rest dieser Linie zielt auf das nächste Ziel ab: die A-Note auf Schlag 1 von Takt sieben, die 5 des Dm7-Akkords.

Wenn die Linie in Takt drei weitergeht, wird die nächste Zielnote die B-Note auf Schlag 3. Dies ist die 3 des G7-Akkords. Die nächste Note ist ein Ab, die b9, und der Zweck dieser Note ist es, eine chromatische Bewegung bis zur G-Note in Takt acht, der 5 von C6, einzuleiten.

Das Anvisieren von Akkordtönen ist eine der wichtigsten Solostrategien im Bebop. Solange du starke Akkordtöne auf starken Zählzeiten des Taktes triffst, kannst du Tonleitertöne oder chromatische Durchgangsnoten verwenden, um dich ihnen zu nähern oder sie zu umspielen.

Allerdings muss man die Regeln kennen, um sie brechen zu können! Die über dem Em7b5-Akkord in Takt neun gespielte Linie ist die gesamte D-Moll-Tonleiter, mit Ausnahme der letzten Note, die auf die „4&" und nicht auf einen Downbeat fällt. Wieder zielen wir auf das C# (hier enharmonisch Db geschrieben) des A7-Akkords, aber dieses Mal wird es vorweggenommen. In dieser Linie gibt es einen Saitensprung, der Teil einer triolischen Phrase ist, also achte darauf, dass du dies reibungslos spielst.

Die Takte 9-12 sind im Wesentlichen eine Frage- und Antwortphrase. Obwohl das Lick in den Takten 9-10 nicht verschoben und „angepasst" wurde, um über die Dm7-G7-Takte zu passen, hat die Linie eine ähnliche Form, die ihr ein Gefühl der Kontinuität verleiht.

Beispiel 3h

Em7♭5   **A7**   **Dm7**   **G7**

Cmaj7   **C/E**   **Fmaj7**   **F♯dim7**   **G7**

Wir können natürlich nicht nur die Changes umreißen, sondern auch bluesige Ideen verwenden, um sie zu transzendieren. Das nächste Beispiel zeigt, wie Rollins ein Blues-Lick mit einer kantig klingenden Phrase kombinieren kann, um eine einzigartige melodische Aussage zu machen. Schauen wir uns diese Idee einmal genauer an.

Im ersten Takt hat das Lick einen bluesigen Sound und eine bluesige Phrasierung, aber es ist eindeutig keine C-Dur-Tonleiter und auch nicht die C-Moll-Blues-Tonleiter. Tatsächlich habe ich C-Melodisch-Moll verwendet. Diese Wahl mag ein wenig verwirrend erscheinen, deshalb möchte ich meine Überlegungen erläutern.

Im Jazz denken die Spieler oft über das tonale Zentrum des Stücks nach - in diesem Fall C-Dur - und fragen sich dann, was passiert, wenn wir die Natur dieser Tonalität verändern? Was könnten wir dann darüber spielen?

Ich habe einmal gehört, wie Kurt Rosenwinkel den ersten Akkord in einem Rhythm Changes-Titel von Bb-Dur auf B7b5 änderte und nur diesen einen Akkord für den gesamten A-Teil verwendete, bevor er die Bridge spielte. Über diesen Akkord konnte er viele alterierte Tonleitern spielen, und das Ergebnis war eine fantastische Spannung, die ganze sechzehn Takte lang anhielt, bevor sie sich auflöste.

Die Linie hier ist ein Mikrokosmos von Kurts unkonventionellem Denken, aber du verstehst die Idee. Das tonale Zentrum ist „C" und ich experimentiere. Habe keine Angst davor, harmonische Risiken einzugehen. Das kann zu einigen einzigartigen Ideen führen.

Ich möchte deine Aufmerksamkeit auch auf die Linie in den Takten 11-12 für den Akkordwechsel von Dm7 zu G7 lenken. Über dem Dm7-Akkord kommen die Noten aus der C-Dur-Tonleiter, aber über dem G7-Akkord geschieht etwas anderes.

Wenn du dir Takt zwölf isoliert anhörst, wirst du hören, dass ich ein absteigendes Motiv mit vier Noten spiele, das eine Art von G-Dominant-Akkord andeutet. Hier stammen die Noten aus der verminderten Halbton-Ganzton-Leiter in G (so genannt, weil es sich um eine symmetrische Skala handelt, die vollständig aus abwechselnden Halbtonschritten und Ganztonschritten besteht).

Nachfolgend sind die Noten der verminderten G-Halbton-Ganzton-Leiter aufgeführt, und unter jedem Ton der Skala ist die Spannung angegeben, die diese Note erzeugt, wenn sie über einen G7-Akkord (G B D F) gespielt wird.

G	Ab	Bb	B	C#	D	E	F
1	b9	#9	3	#11	5	13	b7

Die verminderte Halbton-Ganzton-Leiter in G enthält den Grundton, die 3, die 5 und das b7 von G7 sowie die alterierten Töne b9, #9 und #11. Sie hat auch das erweiterte 13-Intervall (E), was eines ihrer bestimmenden Merkmale ist und sie zum Beispiel von G-Alteriert unterscheidet, das eine b13 (Eb) enthält.

Wenn du die Halbton-Ganzton-Leiter nicht oft verwendet hast, lohnt es sich, sie als einfache Möglichkeit zu erkunden, um einige reichhaltige alterierte Spannungen über Dominantakkorden zu erzeugen. Spiele zum Üben einen normalen G7-Akkord und probiere dann diese Skalenform in der dritten Lage darüber aus. Höre auf die Spannungen, die sie erzeugt.

G-Halbton-Ganzton-Leiter - Position drei

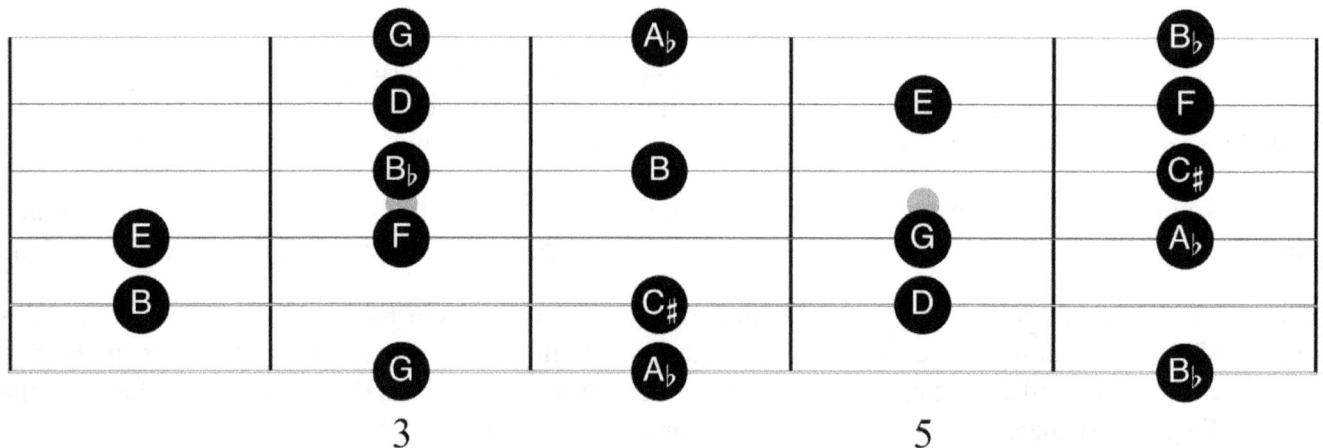

Diese Tonleiter kann auch in folgendem sehr nützlichen Muster angeordnet werden, das den Hals hinaufsteigt. Diese Form ist leichter auswendig zu lernen, da sie auf jeder Saite genau das gleiche Muster aus vier Noten aufweist. Spiele auf jeder Saite die erste Note mit dem ersten Finger, wechsle dann schnell die Handposition und springe einen Bund nach oben, um die zweite Note ebenfalls mit dem ersten Finger zu spielen. Die verbleibenden zwei Noten werden mit dem dritten und vierten Finger gespielt.

G Halbe-Ganze Verminderte Skala - Aufsteigende Form

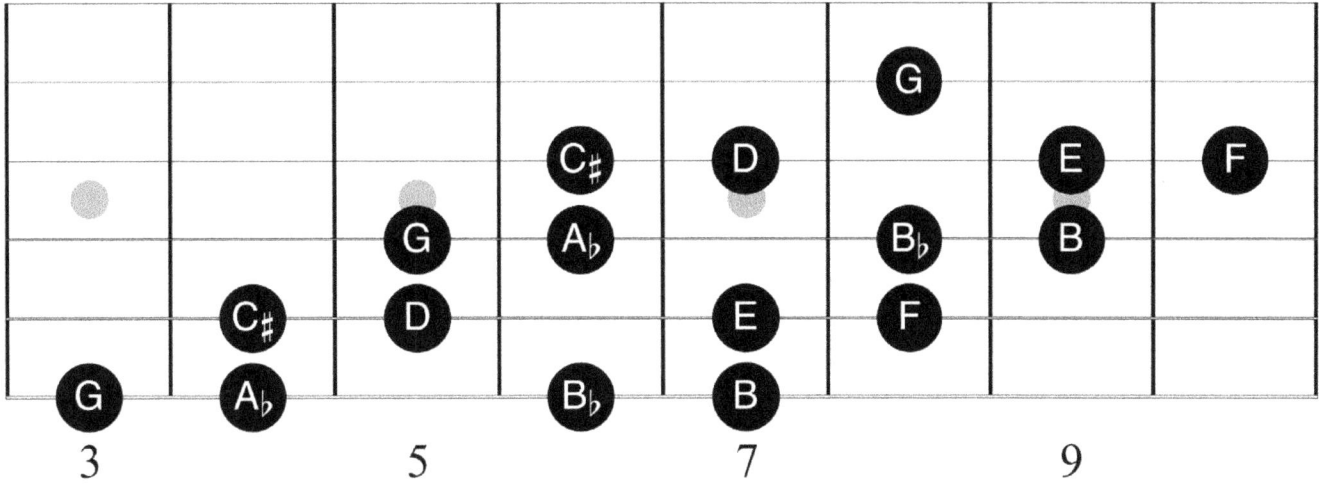

Wenn du mehr darüber erfahren möchtest, wie du diese Tonleiter üben und in deinem Spiel verwenden kannst, lies *Alterierte Skalen für Jazz-Sologitarre* von Mike Stern oder *Inside-Outside Gitarrensolos* von Oz Noy, beide erschienen bei Fundamental Changes. Beide haben ein eigenes Kapitel über die Verwendung der verminderten Halbton-Ganzton-Leiter, und es gibt viel zu lernen von der Art und Weise, wie diese beiden großartigen Spieler sie anwenden.

Versuche es nun mit der gesamten Linie.

Beispiel 3i

Die abschließende Linie im Stil von Sonny Rollins geht die Changes von *St. Thomas* mit einem ausschweifenderen Ansatz an. Obwohl es meistens besser ist, unsere melodischen Ideen in kurzen, leicht verdaulichen Phrasen auszudrücken, mit denen unser Publikum etwas anfangen kann, ist es manchmal richtig, lange, komplexe Linien zu spielen. Es geht darum, ein *Gleichgewicht* im Spiel zu finden und Kontraste zu nutzen, sei es zwischen langsam und schnell, staccato und legato, leise und laut usw.

Eine Übung, die du vielleicht nützlich findest, wenn du mit einem neuen Stück konfrontiert wirst, ist das Durchspielen der Changes unter Verwendung von durchgehenden 1/8-Noten. Die Idee kannst du folgendermaßen angehen:

- Finde einen entsprechend langsamen Backing Track oder verwende eine App (z. B. das iReal Book), damit du dich mit dem Stück in einem langsamen Tempo beschäftigen kannst.

- Nimm dir einen Moment Zeit, um die Architektur des Stücks zu erkunden. Wo befinden sich die ii V I-Sequenzen? In welchen Tonarten bewegt sich das Stück? Gibt es irgendwelche merkwürdigen harmonischen Wendungen?

- Spiele nun in einem langsamen Tempo einen konstanten Strom von 1/8-Noten und versuche, dich auf sinnvolle Weise durch die Changes zu bewegen (dudele nicht einfach Skalen auf und ab - skizziere die Harmonie)

- Spiele so viele Chorusse der Melodie, wie du kannst, bevor dir die Ideen ausgehen.

- Überarbeite einige der Ideen, die dir wirklich gefallen haben, und spiele sie in einem schnelleren Tempo.

Wenn du dich zwingst, lange Linien wie diese zu spielen, testest du sowohl dein Wissen über Harmonie als auch deine Fähigkeit, kreativ mit den Linien zu sein, die du spielst. Probiere es bei deiner nächsten Übungsstunde aus!

Beispiel 3j

Cmaj7
Em7
A7
Dm7
G7
C6
Cmaj7
Em7
A7
Dm7
G7
C6
Em7♭5
A7
Dm7
G7
Cmaj7
C/E
Fmaj7
F♯dim7
G7
C6

Kapitel Vier - Ben Webster

Kurzer Lebenslauf

Benjamin Francis Webster wurde am 27. März 1909 in Kansas City, Missouri, geboren und starb am 20. September 1973 in Amsterdam, Niederlande. Webster galt aufgrund seines butterweichen Tons und seiner exquisiten Phrasierung als eine der markantesten Stimmen seiner Zeit.

Websters erstes Instrument war die Geige, gefolgt vom Klavier, bevor er Saxophonunterricht nahm. Schon früh spielte er mit Lester Young und wurde später Mitglied des Bennie Moten Orchestra an der Seite von Count Basie. In den 1930er Jahren spielte er in verschiedenen Bands, darunter die von Benny Carter, Cab Calloway und Teddy Wilson. Sein Auftritt als Tenorsaxophonist bei Duke Ellington von 1940-43 festigte seinen Ruf als führende Stimme auf diesem Instrument. Viele Kritiker sind der Meinung, dass die beste Version von Ellingtons Band diejenige war, in der Webster mitspielte.

Anfang der 1950er Jahre arbeitete Webster mit dem Pianisten Oscar Peterson zusammen, eine musikalische Partnerschaft, die sich über das nächste Jahrzehnt erstreckte, und er ging mit „Jazz at the Philharmonic" auf Tournee, was ihm die Möglichkeit gab, mit Künstlern wie Nat King Cole, Billie Holiday, Ella Fitzgerald, Dizzy Gillespie und Buddy Rich zu arbeiten.

1964 zog Webster nach Europa und lebte kurzzeitig in London, dann an verschiedenen Orten in Skandinavien und schließlich in den Niederlanden, wo er das letzte Jahrzehnt seines Lebens verbrachte. Von 1938 bis zu seinem Tod spielte er dasselbe Saxophon und hinterließ die Anweisung, dass es nie wieder gespielt werden solle. Websters Saxophon ist im Jazz Institute der Rutgers University in New Jersey ausgestellt.

Merkmale von Websters Stil

1. Einer der bemerkenswertesten Aspekte von Websters Spiel ist sein unglaublich satter Ton. Viele seiner melodischen Linien wurden mit einem sehr entspannten Gefühl gespielt, der Ton hatte das ganze Sagen. In diesem Sinne finden wir in Websters Spiel nicht die dramatischen Läufe von Parker, aber wir finden wunderschön artikulierte Phrasen, in denen eine starke melodische Idee auf die nächste folgt. Von seinem Spiel können wir eine Menge über den Aufbau von Phrasen lernen.

2. Webster verwendete in seinen Soli motivische Ideen und Wiederholungen - die Idee, eine melodische Aussage zu formulieren und sie dann so anzupassen, dass sie über die nachfolgenden Akkorde passt. Von allen Spielern in diesem Buch ist Webster der lyrischste, und seine Lyrik machte ihn zu einem vollendeten Geschichtenerzähler.

3. Websters entspannte Herangehensweise und sein Umgang mit der Zeit sind eine Lektion in Sachen Jazz-Phrasierung. Besonders wenn er eine Ballade spielte, schwebten seine Linien über dem Puls der Musik, anstatt sich strikt an ihn zu halten. Dieser Ansatz des „Spielens hinter dem Beat" ist es, der Jazzlinien wirklich swingen lässt, und Webster war ein Meister darin. Wir Gitarristen neigen dazu, dem Takt vorauseilen zu wollen. Deshalb ist es gut, wenn wir Webster nacheifern und gegen den Takt ziehen, anstatt ihn zu drücken.

4. Wenn es darum ging, melodische Linien zu komponieren, hatte Webster eine tadellose Fähigkeit, Noten zu platzieren. Mit anderen Worten, er konnte jede beliebige Spannungsnote anvisieren und sie in eine

schön klingende Linie einbauen. Viele seiner Linien klingen einfach, enthalten aber in Wirklichkeit fortgeschrittene harmonische Ideen. Es ist nur so, dass er es einfach klingen ließ!

Klassische Aufnahme: When I Fall in Love

Ben Webster ist eine der Ikonen des Jazz, wenn es um Balladen geht. Sein satter Ton, sein subtiles Timing und seine Phrasierung eignen sich perfekt für melancholische Melodien. Hier sehen wir uns also die Art von Linien an, die er über *When I Fall in Love* spielen könnte.

Es gibt eine fantastische Aufnahme von diesem Stück mit Webster auf seinem 1958er Album für Verve, *The Soul of Ben Webster*. Die Band für diese Aufnahme bestand aus Webster und Harold Ashby am Tenorsaxophon, Art Farmer (Trompete), Mundell Lowe (Gitarre), Jimmy Jones (Klavier), Milt Hinton (Bass) und Dave Bailey (Schlagzeug). Hör dir das ganze Album an, denn es enthält auch eine hervorragende Interpretation von Billy Strayhorns *Chelsea Bridge*.

Obwohl es normalerweise in Eb-Dur gespielt wird, beschloss Webster, dieses Stück in der gitarrenfreundlichen Tonart A-Dur zu spielen. *When I Fall in Love* hat eine ABAC-Struktur, aber die Akkorde in jedem Abschnitt sind ähnlich, mit kleinen Variationen. Die größten Variationen treten im C-Teil auf, wo sich die Melodie ändert, um das Lied abzurunden, und die Akkorde entsprechend folgen.

In den folgenden Licks werden wir uns nur auf die A- und B-Variationen konzentrieren. Da das Stück eine lange Form hat und es sich um eine Ballade handelt, werden wir die Melodie in kleinere Abschnitte unterteilen, um Linien zu betrachten, die du über bestimmte Teile spielen kannst.

In der Webster-Version dieses Stücks spielt der Pianist Jimmy Jones einige Akkord-Substitutions-Ideen, die von den Changes im Real Book abweichen. Schauen wir uns die Originalharmonie an und vergleichen wir die Substitutionsakkorde.

Der A-Teil wird normalerweise wie folgt gespielt:

| Amaj7 F#7 | Bm7 E7 | Amaj7 F#7 | Bm7 E7 |

| Amaj7 D7 | C#7b9 F#7b9 | B7 | E7 |

In der Webster-Version werden die Takte 5-8 wie folgt gespielt:

| Amaj7 Dmaj7 | Dm7 G7 C#m7 F#7b9 | Bm7 | E7sus E7 |

In Takt fünf wurde die Qualität des D7-Akkords in Dmaj7 geändert.

In Takt sechs hat sich die Qualität des C#-Akkords von Dominant 7 zu Moll 7 geändert, und die ii V-Bewegung von C#-Moll zu F#7 wurde komprimiert und durch eine chromatische ii V-Bewegung von einem Halbtonschritt darüber eingeleitet. Wir haben jetzt also die Bewegung Dm7 zu G7, dann C#m7 F#7.

Der Akkord, der dem Dm7 vorausgeht, ist Dmaj7, so dass wir jetzt eine schöne Bewegung von Dur nach Moll haben, dann arbeitet sich die Progression hinunter zum Bm7-Akkord (vorher B7) in Takt sieben.

Die Originalakkorde für den B-Teil lauten wie folgt:

| Amaj7 F#7 | Bm7 E7 | Amaj7 D7 | C#m7b5 F#7b9 |

| Bm7 G#7alt | C#m7b5 F#7b9 | Bm7 F#7b9 | Bm7 E7 |

Die Webster-Version ändert die ersten beiden Takte, um die Harmonie in eine andere Richtung zu lenken, die wie folgt gespielt werden:

| Amaj7 Dmaj7 | G7b5 |

Das mag als radikale Abweichung erscheinen, aber die Melodie funktioniert wunderbar über diese Veränderungen und gibt ihr eine subtile Wendung.

Ben Webster Vokabular für Jazzgitarre

Nach dem Material, das wir uns angeschaut haben, könnten Ben Websters Licks auf den ersten Blick etwas simpel erscheinen, aber der Schein trügt. Es lohnt sich, seine Ideen zu erforschen, denn Webster ist ein Meister im Navigieren durch Akkordwechsel mit schön konstruierten Linien. Die Harmonie von *When I Fall in Love* hat einige reichhaltige Akkorde und subtile Nuancen, und es ist aufschlussreich zu sehen, wie jemand wie Webster mit der Harmonie umgeht.

Es gibt hier keine großen technischen Herausforderungen, so dass wir uns darauf konzentrieren, die exquisite Phrasierung im Webster-Stil mit viel Gefühl auszuführen. Harmonisch ist mehr los, als du vielleicht denkst. Schauen wir uns einige seiner Ideen an. Die ersten vier melodischen Ideen werden über die ersten Takte von *When I Fall in Love* gespielt.

Hör dir das Audio zu Beispiel 4a an. Das erste, was auffällt, ist, dass die melodische Linie wirklich swingt, obwohl die Untermalung sehr gerade gespielt wird, als „four-to-the-bar".

Swing ist nicht leicht zu definieren, geschweige denn zu notieren, wie können wir also an diesem Aspekt unseres Spiels arbeiten?

Ein Geheimnis liegt darin, wie wir den Puls des Beats fühlen. Vor allem wenn wir eine Ballade wie diese angehen, wenn wir 1... 2... 3... 4... zählen, werden wir wahrscheinlich sehr gerade klingende Linien spielen. Aber das meiste Swing-Gefühl des Jazz kommt von 1/8-Triolen.

Stattdessen können wir jeden Takt so zählen, als ob er im 6/8-Takt wäre: 123... 123... 123... 123...

Während der Bassist oder Pianist 1/4-Noten spielt, kannst du den Triolenpuls spüren und deine melodischen Ideen um ihn herum konstruieren.

Das zweite Geheimnis ist das Timing und die Ausführung dieser 1/8-Triolen-Unterteilungen. Das Spielen von Phrasen, die leicht hinter dem Beat liegen, verstärkt das Gefühl des Swing, da es den gewünschten Push-Pull-Effekt erzeugt.

Viele Leute sagen, entweder man hat Swing oder nicht, aber ich glaube, man kann ihn trainieren. Mit einem Metronom zu arbeiten und sich selbst aufzunehmen, kann ungemein helfen. Wir haben es oft eilig mit dem Timing. Wenn deine Linien also immer noch nicht so klingen, als würden sie swingen, spiele mehr hinter dem Beat, als du denken würdest. Wenn du dir das anhörst, ist das Gefühl oft genau richtig.

Mein letzter Ratschlag ist, Phrasen nicht auf dem Beat, sondern auf dem Offbeat zu beginnen. Der überraschende Effekt dieser einfachen Idee besteht darin, dass das Gefühl des Swings im Vergleich zu Phrasen, die auf dem Beat beginnen und enden, verstärkt wird. Wir müssen von der 1/4-Note wegkommen, die der Rest der Band spielt!

Schauen wir uns nun das erste Beispiel an.

Beachte, dass beide melodischen Linien nicht auf einem Abwärtsschlag beginnen. Die erste Linie beginnt im Auftakt und endet vor dem letzten Schlag von Takt eins, und die zweite Linie beginnt auf Schlag 2, Takt zwei. Dadurch entsteht zwischen den Phrasen eine gewisse Stille.

In beiden Linien werden nur Noten der A-Dur-Tonleiter verwendet, abgesehen von der Durchgangsnote F in Takt zwei. In Takt zwei liegt die Betonung auf dem V-Akkord, E7, während der ii-Akkord ignoriert wird. Die Töne der Tonleiter sind sorgfältig gewählt, um einen E13-Klang zu implizieren. Über einem E7 sind die letzten fünf Noten des Licks (einschließlich der in Takt drei übertragenen Note) die 9, 11, 3, b7 bzw. 13. Die 13 (C#) ist auch die 3 des Amaj7-Akkords in Takt drei.

Das Stück wird in einem langsamen Tempo gespielt, also achte darauf, es nicht zu überstürzen und arbeite an deinem Swinggefühl.

Beispiel 4a

Im ersten Takt von Beispiel 4b beginnt das Lick mit einem schnellen legato-chromatischen Lauf, der auf die Note E auf der fünften Saite, 7. Bund, abzielt. Es folgt eine Staccato-Triolenfolge mit den Noten G, B und C#. Nur die Noten E und C# gehören zur Tonart A-Dur, was ist hier also los?

Die Idee hinter dieser einfachen Phrase ist die *implizierte Harmonie*. Wenn du jemals eine Real-Book-Leadsheet mit dem Originalsheet eines Komponisten verglichen hast, wirst du bemerkt haben, dass das Real Book die Changes mit alterierten oder erweiterten Akkorden aufpeppt. Im Laufe der Jahre haben verschiedene Musiker ihre bevorzugten Spielweisen eingebracht, so dass die heutigen Chordsheets eine Verschmelzung von Changes sind, die eine reichere Harmonie schaffen sollen.

Wenn diese Änderungen jedoch nicht auf dem Leadsheet vermerkt sind, *implizieren* Solisten die Harmonie, die dort vorhanden sein könnte, oft in ihren melodischen Linien, und genau das geschieht hier.

Anstatt Amaj7 - F#m7 lautet die implizierte Harmonie hier Amaj7 - F#7b9. Wir haben bereits festgestellt, dass es für Jazzmusiker üblich ist, die Qualität eines Akkords zu ändern, und oft wird in I vi ii V-Progressionen wie dieser der vi-Akkord in eine Dominante geändert.

Und warum? Amaj7- und F#m7-Akkorde unterscheiden sich nur um einen Ton, so dass es keinen großen Unterschied im Klang gibt. Wenn du den F#m7-Akkord in einen Dominantakkord umwandelst, kannst du Arpeggios mit alterierten und erweiterten Noten spielen oder alterierte Tonleitern verwenden.

In Takt zwei gehören die über dem Bm7-Akkord gespielten Noten alle zu einem Bm9-Arpeggio (die C#-Note ist die 9).

Über dem E7-Akkord impliziert die Notenwahl einen E11-Akkord mit einer chromatischen Durchgangsnote (G). Beachte, dass die letzte E-Note in den nächsten Takt übergeht, wo sie als 5 von Amaj7 fungiert.

Beispiel 4b

Hier ist eine weitere Linie, die viel Raum zwischen den Phrasen lässt. Inzwischen ist dir wahrscheinlich aufgefallen, wie prägnant ein Ansatz im Webster-Stil die Harmonie durch kompakte, hochmelodische Phrasen umreißt.

In der ersten Phrase stammen alle Noten aus der A-Dur-Tonleiter, außer der C-Note. Streng genommen sollte es ein C# sein, aber da es über dem F#m7-Akkord erscheint, bin ich kurz in die F#-Moll-Blues-Skala eingetaucht (F#, A, B, C, C#, E). Die Phrasierung und die Notenwahl tragen zum bluesigen Gefühl bei.

Für den E7-Akkord in Takt zwei gibt es eine weitere täuschend einfache Linie. Sie klingt sehr melodisch, besteht aber fast ausschließlich aus erweiterten oder alterierten Noten.

Bei den ersten sechs Noten der Phrase wird dies erreicht, indem die Noten eines Bm7b9-Arpeggios über den E7-Akkord gelegt werden. Wir könnten hier ein gerades Bm9-Arpeggio spielen, aber die Verminderung der 9 erzeugt eine schöne Farbe.

Die Bm7b9-Arpeggio-Noten implizieren die folgenden Spannungen über E7: B (5), D (b7), F# (9), A (11.), C (#5).

Die restlichen Noten der Phrase stammen aus einem E9-Arpeggio, und die Linie endet auf der 5 von Amaj7.

Beispiel 4c

Beispiel 4d ist eine komplexere Variante der vorherigen Idee. Es spielt mit demselben Motiv, erweitert und verschönert es aber.

Im ersten Takt ist diese Phrase vollständig aus der A-Dur-Blues-Skala (A, B, C, C#, E, F#) aufgebaut. Diese Skala hat genau dieselben Noten wie ihre Moll-Parallele, die F#-Moll-Blues-Skala, die wir zuvor verwendet haben - sie beginnen und enden nur auf einer anderen Note. Wie du das Lick betrachtest, ist eine Frage der Perspektive, aber das Ergebnis ist dasselbe.

In Takt zwei hörst du den Anfang der Phrase aus dem vorigen Beispiel, aber dieses Mal ist es nur ein gerades Bm7-Arpeggio. Bei den schnellen Triolenphrasen überlege ich, welche Spannungen ich über den E7-Akkord legen kann. Die erste Triole trillert zwischen der b5 und der 5 und landet dann auf der 9. Die zweite Triole trillert zwischen der 11 und der 5, bevor sie auf der 9 landet und dann zur 3 (G#) wechselt.

Beispiel 4d

Es ist nützlich, wenn man sich vorstellen kann, wo die Spannungsnoten im Verhältnis zu einer Standard-Akkordstimme liegen, die man gut kennt. Wenn du dir eine Akkordform ansiehst und weißt, wo sich die farbigen Intervalle um die Grundtöne des Akkords herum befinden, ist es viel einfacher, sie beim Spielen der Linien anzusteuern.

Das Diagramm unten zeigt eine Standard-E7-Voicing in fünfter Position, die Akkordtöne sind durch die schwarzen Noten gekennzeichnet. Die hohlen Noten zeigen alle möglichen Spannungen an, die zu einem E7 in dieser Position hinzugefügt werden können. (Um das Diagramm nicht zu verwirrend zu machen, habe ich alle Intervallverdopplungen weggelassen).

E7

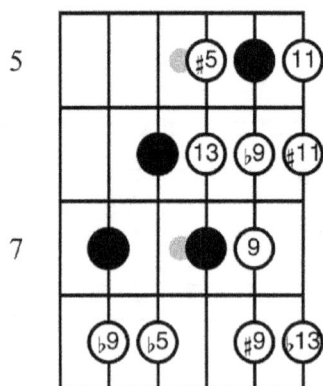

Experimentiere ein wenig mit dieser Idee und suche dir einige Arpeggio-Muster aus, die Spannungsnoten kombinieren. Wenn du kannst, loope einen einfachen E7-Akkord, um darüber zu üben. Arbeite jeweils ein oder zwei Intervalle durch und versuche, dir einzuprägen, wo sie im Verhältnis zu den Akkordtönen liegen.

Das nächste Beispiel wird über die Changes gespielt, die in Takt fünf des A-Teils beginnen. In dieser Version wurde der D7-Akkord in Takt eins in Dmaj7 geändert.

Webster hatte ein meisterhaftes Gespür dafür, welche Skalentöne bestimmte Spannungen hervorheben, wenn sie über einem bestimmten Akkord gespielt werden, und hier ist ein Beispiel dafür. Im ersten Takt dieser Linie sind alle Töne in der A-Dur-Tonleiter zu finden, aber die Verwendung des G#-Tons über dem Dmaj7-Akkord suggeriert einen Dmaj7#11-Klang.

Wenn es darum geht, Linien über dominante 7b9-Akkorde wie die in Takt zwei zu spielen, kannst du natürlich einfach ein 7b9-Arpeggio vom Grundton des Akkords aus spielen, was sehr effektiv sein wird. Ein interessanterer Bebop-Substitutionstrick besteht jedoch darin, ein vermindertes Dominant-7-Arpeggio einen Halbtonschritt über dem Grundton des 7b9-Akkords zu spielen.

In diesem Fall ist der Akkord F#7b9, also können wir ein Gdim7-Arpeggio (G, Bb, Db, E) darüber spielen, und es wird großartig klingen.

Doch dieser Trick hat noch mehr zu bieten.

Verminderte 7-Akkorde haben an sich, dass man sie in vier Positionen auf der Gitarre spielen kann und jeder eine Umkehrung desselben Akkords ist. Die vier Akkorde liegen alle eine kleine Terz (drei Bünde) auseinander. Wenn wir von Gdim7 um eine kleine Terz nach oben gehen, erhalten wir Bbdim7 mit den Noten Bb, Db, E und G. Dbdim7 hat die gleichen Noten mit Db als tiefster Note; Edim7 hat die gleichen Noten mit E als tiefster Note.

Über F#7b9 haben wir also die Wahl zwischen vier verminderten 7-Arpeggios, die wir spielen können. Nach der chromatisch absteigenden Triole spiele ich hier das Arpeggio Bbdim7 (enharmonisch notiert A#).

Beispiel 4e

Erforsche diese Idee beim Üben weiter und versuche, einige bewegliche Licks mit verminderter 7 in deine Soli einzubauen, wann immer du einen alterierten Dominantakkord siehst.

Das folgende Diagramm zeigt einen F#7b9-Akkord in zweiter Lage (durch die schwarzen Noten gekennzeichnet) und ein aufsteigendes Gdim7-Arpeggio-Muster (hohle Noten). Beginne mit der G-Note auf der sechsten Saite und spiele zwei Noten pro Saite aufwärts, bis du auf der ersten Saite, 12. Bund, endest.

Denke daran, dass du genau dasselbe Muster spielen kannst, aber beginnend mit der B-Note auf der sechsten Saite, 6. Bund, und es wird über diesen Akkord funktionieren. Du kannst den Hals weiter aufwärts spielen, bis du keine Noten mehr hast!

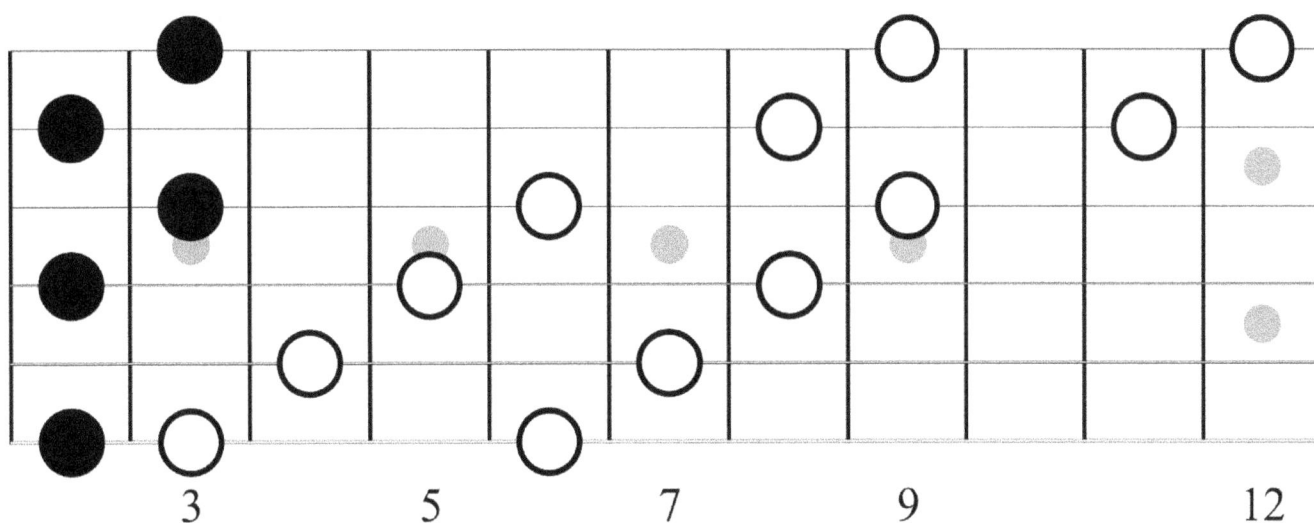

Diese nächste Linie wird über dem Übergang von Takt sieben des A-Teils in den B-Teil gespielt, der unsere reharmonisierten Akkorde enthält.

In diesem Beispiel geht es darum, dieselben Noten über einem Akkordwechsel zu spielen und zu hören, wie diese Noten anders klingen, indem neue Intervalle oder Spannungen auf dem neuen Akkord hervorgehoben werden.

Die Phrase in Takt eins verwendet die A-Dur-Tonleiter, zielt aber auf eine chromatische F-Note auf Schlag 1, Takt zwei, über dem E7-Akkord, um einen E7b9-Klang zu erzeugen.

Nun kommen wir zu dem Abschnitt, in dem wir nur drei Noten (E, B und A) verwenden, um den Rest der Harmonie zu umreißen. Beim E7-Akkord ist E der Grundton und B die 5. Beim Amaj7-Akkord ist E die 5 und A der Grundton.

Über dem Dmaj7-Akkord sind jedoch weder das E noch das B Akkordtöne. Das E ist die 9 und das B die 13 - schöne reichhaltige Erweiterungen.

Und schließlich das G7b5. Die B-Note ist die 3 und die E-Note ist die 13.

Wenn du dich noch nie eingehend mit dem motivgeleiteten Stil von Jim Hall beschäftigt hast, ist diese Idee ein guter Anfang. Nimm einfach zwei oder drei Noten und lasse sie durch eine Reihe von Akkordwechseln laufen. Halte bei jedem Akkord inne und erkunde die Wirkung dieser Noten. Heben sie Akkordtöne oder erweiterte Noten hervor, oder vielleicht alterierte Spannungen? Dies ist eine gute Möglichkeit, die melodischen Linien, die du spielst, zu betrachten, und das Endergebnis kann wirklich raffiniert klingen.

Beispiel 4f

Diese Linie beginnt mit einem Auftakt im zweiten Takt des B-Teils, die dort anknüpft, wo wir aufgehört haben, und von einem G7b5-Akkord ausgeht. Diesmal spielen wir durch ein Moll- ii V i.

In den ersten beiden Takten sollte man sich diese Linien als *chromatisches Targeting* vorstellen. Das heißt, wir haben eine Zielnote vor Augen, die wir mit Hilfe von Durchgangsnoten erreichen wollen. Solange die Zielnoten auf starke Zählzeiten des Taktes fallen, ist es in gewisser Weise egal, welche Noten wir verwenden, um dorthin zu gelangen. Unsere Zuhörer werden uns verzeihen, denn wir umreißen immer noch die Harmonie.

Im Gegensatz zu einer Annäherungsnotenstrategie, bei der wir beispielsweise in einem Arpeggio eine Note einen Halbtonschritt unter jede Note setzen, verwenden wir hier mehrere chromatische Noten von unten, um unser Ziel zu erreichen.

Über dem G7b5-Akkord in Takt eins besteht der einzige Zweck dieser Noten darin, auf die E-Note zuzugehen, die auf Takt 1 von Takt zwei fällt, die 5 des Amaj7. Die Tatsache, dass das chromatische Muster ein C# enthält (die 5 von G7b5 - ein Db, um enharmonisch genau zu sein), ist ein reiner Zufall.

Bei dem D7-Akkord hatte ich drei farbige Spannungen im Sinn, die ich hervorheben wollte: die E-Note ist die 9, die G-Note die 11 und die A#-Note die 5. Ich verwende drei chromatische Noten, um jede Spannung zu erreichen. Ich spiele diese schnellen 1/32tel-Triolen auch als Legato-Hammer-On mit allen vier Fingern.

In Takt drei, für den chromatischen Lauf über den C#m7b5-Akkord, beginne und ende ich auf einem Akkordton - ich beginne auf der b7 (B) und gehe zur b3 (E).

Als nächstes mache ich einen intervallischen Sprung, um einen G-Ton auf dem F#7#5-Akkord zu treffen. Dies ist kein Akkordton, deshalb gibt es einen kurzen Konflikt! Diese Phrase ist eine *Enclosure* (Umspielung). Die G-Note ist ein chromatischer Halbton über dem F#-Grundton; die E-Note ist die #5 des Akkords; das F ist eine chromatische Note einen Halbton unter dem Grundton, dann spielen wir das F#. Isoliere diese Vier-Noten-Idee und du wirst hören, dass es sich um eine gebräuchliche Bebop-Phrase handelt.

Der Rest der Phrase zielt in ähnlicher Weise auf die D-Note, die 3 von Bm7 zu Beginn von Takt vier.

Beispiel 4g

Beispiel 4h ist eine Idee, die Websters motivisches Spiel demonstriert. Wenn du dir seine Aufnahmen anhörst, wirst du oft hören, wie er exquisite, bittersüße Linien spielt. Dann nimmt er diese Idee und entwickelt sie über die Changes hinweg weiter, wobei er verschiedene Noten spielt, aber den Rhythmus und die Form der Linie beibehält. Das Motiv beginnt über dem E7-Akkord in Takt zwei.

Es gibt auch einige „versteckte" implizite Veränderungen in dieser Linie. In Takt drei, über dem F#m7-Akkord, verwendet die erste Fünf-Ton-Gruppierung Noten aus der A-Dur-Tonleiter nach einer chromatischen Leitnote. Man kann jedoch hören, dass die darauf folgende Vierergruppierung eine andere Tonalität suggeriert. Diese Noten stammen aus der melodischen Molltonleiter in G.

Diese Idee kommt daher, dass wir den F#-Akkord als Dominant-7 betrachteten, so als wäre er der V-Akkord in einer ii V i-Sequenz in B-Moll. Wenn wir ihn als F#alt-Akkord betrachten, können wir reichhaltiger klingende Spannungen über ihn spielen. Wir haben bereits gesehen, dass man dies erreichen kann, indem man ein vermindertes 7-Arpeggio einen Halbtonschrittschritt über dem Grundton spielt. Du kannst dasselbe tun, indem du die melodische Molltonleiter einen Halbtonschritt über dem Grundton spielst, d. h. für F#alt spielst du G Melodisch Moll. Die hier verwendeten Noten ergeben den Klang von F#7b9.

Derselbe Gedanke wird über dem E7-Akkord in Takt vier wiederholt. Die Fünf-Ton-Gruppierung verwendet Noten aus der A-Dur-Tonleiter. Die vier folgenden Noten ergeben sich aus der Betrachtung dieses Akkords als E7b9 und stammen aus der melodischen Molltonleiter in F, einen Halbton über dem Grundton.

Wenn du diese Linie spielst, denke daran, die Phrasierung sehr locker zu halten. Es ist besonders leicht, diese Triolenfiguren zu überstürzen, also spiele sie etwas langsamer, als du glaubst, es tun zu müssen.

Beispiel 4h

Hier ist eine weitere Linie, die mit einem Auftakt im zweiten Takt des B-Teils beginnt. Im Auftakt zielt die chromatisch aufsteigende Linie auf die E-Note (die 5 von Amaj7) zu Beginn des zweiten Taktes. Alle Noten in Takt zwei stammen aus der A-Dur-Tonleiter.

In Takt drei greift diese einfache Phrase die wichtigen Töne der Akkorde C#m7b5 und F#7#5 heraus, und beim Bm7 sind wir wieder bei der A-Dur-Tonleiter.

Beispiel 4i

Es hat eine beruhigende Wirkung, Ben Webster mit seinem satten Ton und seinen melancholischen Linien zuzuhören, und diese letzte Linie ist ein Beispiel dafür.

Die gesamte Linie basiert auf der A-Dur-Tonleiter, ohne Überraschungen, aber sie zeigt hoffentlich, dass es möglich ist, eine schön klingende Linie zu spielen, wenn die Phrasen gut durchdacht sind.

Beispiel 4j

Viel Spaß beim Üben mit diesen Webster-Ideen. Als Nächstes befassen wir uns mit einem Spieler, der erfolgreich eine Brücke zwischen den Genres Bebop und Hard Bop geschlagen hat.

Kapitel Fünf - Cannonball Adderley

Kurzer Lebenslauf

Julian Edwin „Cannonball" Adderley (geboren am 15. September 1928 in Tampa, Florida, gestorben am 8. August 1975 in Gary, Indiana) war ein ausgesprochen kreativer Altsaxophonist, der seine Wurzeln im Bebop hatte und zu einem Pionier des Hard Bop wurde. Sein jüngerer Bruder, Nat Adderley, war ein angesehener Jazztrompeter. Adderleys Eltern waren Lehrer und zogen mit der Familie in den 1940er Jahren nach Tallahassee. Die Brüder spielten schließlich mit Ray Charles, der dort eine Zeit lang ansässig war.

Als Cannonball nach New York zog, um seine musikalische Karriere zu verfolgen, wurde er gebeten, bei einem Auftritt von Oscar Pettiford einzuspringen, weil der reguläre Saxophonist zu spät kam. Adderley war einfach von der Straße in das Café Bohemia in Greenwich Village gekommen und hatte zufällig sein Saxophon dabei. Nach dem Konzert erklärte die New Yorker Musikszene Adderley zum neuen Charlie Parker, der nur drei Monate zuvor verstorben war.

Zwei Jahre später wurde Adderley von Miles Davis entdeckt und eingeladen, sich seiner Gruppe anzuschließen. Mit Miles nahm er die klassischen Alben *Milestones* und *Kind of Blue* auf. Gegen Ende der 60er Jahre war Cannonball fest in die Welt des elektrischen Jazz eingebunden und nahm sein beliebtestes Stück *Mercy, Mercy, Mercy* auf, das von Joe Zawinul von Weather Report geschrieben wurde.

Merkmale von Adderleys Stil

- *Einfluss des Hard Bop.* Adderley trug dazu bei, den Hard-Bop-Sound zu definieren - eine Erweiterung des Bebop. Der Hard Bop übernahm die Sprache des Bebop und fügte Einflüsse von RnB, Gospel und Blues hinzu, um eine funky Musik zu schaffen, die stärker auf Groove basierte.

- *Starker Rhythmus.* Adderleys Linien haben viel rhythmischen Drive und Energie, und viele Kommentatoren beschreiben sein Spiel als „freudig". Selbst wenn er nur ein paar Noten spielt, scheinen seine rhythmische Meisterschaft und sein Sinn für Groove durch. Es lohnt sich, seinen Einsatz von Rhythmus zu studieren, um selbstbewusste, mitreißende Phrasen zu spielen.

- *Modernität.* Adderleys frühe Einflüsse waren Charlie Parker und Benny Carter, aber in seinem späteren Spiel sind die Ideen von John Coltrane, Miles Davis und Bill Evans zu hören. In diesem Kapitel werden wir seine Ideen über einen typischen modalen Ein-Akkord-Vamp analysieren - die Art von Material, über das er während seiner Zeit mit Miles solieren durfte. Sein moderneres Vokabular kombiniert die Chromatik des Bebop mit bluesigen Phrasen und etwas Inside-Outside-Spiel. Diese Erfahrung half Adderley beim Übergang von der Hard-Bop-Ära der 1950er und 60er Jahre zur Jazz-Fusion-Szene der 70er Jahre.

Klassische Aufnahme: Milestones

Wir beginnen mit einer Momentaufnahme von Cannonball Adderleys Stil zu der Zeit, als er mit Miles an dem legendären Album *Milestones* (1958) arbeitete. Wir konzentrieren uns dabei auf das Titelstück. *Milestones* hieß ursprünglich einfach *Miles*, aber der Name wurde für spätere Veröffentlichungen geändert. Es stammt aus der Feder von Miles selbst und ist ein modales Stück, von dem man annimmt, dass es ihn später zu *So What* inspiriert hat.

Die wunderbare Besetzung für dieses ikonische Album bestand aus Miles (natürlich an der Trompete, aber auch am Klavier bei dem Stück *Sid's Ahead*), Adderley am Altsaxophon, John Coltrane am Tenorsaxophon, Red Garland am Klavier, Paul Chambers am Kontrabass und Philly Joe Jones am Schlagzeug.

Die Melodie hat eine AABA-Struktur und besteht im Wesentlichen aus zwei Moll-Akkord-Vamps, die im Abstand von einem Ganzton gespielt werden, beginnend mit G-Moll, nach A-Moll und dann zurück nach G-Moll modulierend.

(Anm.: Die ursprünglichen Changes für das Stück gingen von C11 zu Am7, aber die meisten modernen Arrangements tauschen das C11 gegen ein Gm7 auf der Grundlage gemeinsamer Noten aus).

Wenn das Hauptthema gespielt wird, werden zusätzliche Akkorde hinzugefügt, um der Melodie zu folgen, aber für das Solospiel ist die Form:

Gm7 x 16 Takte

Am7 x 16 Takte

Gm7 x 8 Takte

Beachte, dass die Länge des A-Teils halbiert wird, wenn er nach der Bridge wiederholt wird. Dies ist eines dieser Stücke, die beim Live-Spielen schwer zu zählen sind und bei denen man sehr leicht den Überblick verliert!

Die meisten der folgenden Licks werden über den Gm7-Vamp gespielt. Die letzten beiden demonstrieren ein paar Ideen über den Am7-Teil, aber da es sich um ein modales Stück handelt, kannst du jedes der Licks einfach einen Ganztonschritt transponieren und über beide Teile spielen.

Cannonball Adderley Vokabular für Jazzgitarre

Im Kapitel über Ben Webster haben wir uns mit einigen ziemlich komplexen harmonischen Ideen über üppige Akkordwechsel beschäftigt. Jetzt haben wir eine andere Herausforderung: die Dinge über einen durchgehenden Ein-Akkord-Vamp interessant zu halten. Schauen wir mal, welche Ideen Cannonball in dieser Hinsicht zu bieten hat.

Das Album *Milestones* wurde 1958 veröffentlicht, 1959 folgte *Kind of Blue*, und beide Werke sind wesentliche Beispiele für Miles' modale Modern Jazz-Periode. Die beiden Alben bilden eine perfekte Brücke zwischen den Genres Bebop und Post-Bop.

Es wurde gesagt, dass *Milestones* einen aggressiveren, härteren Ansatz als *Kind of Blue* verfolgt, und das wird im Titeltrack deutlich. Er ist von Anfang an Up-Tempo und heiß.

Im Einklang mit der modalen Stimmung, die Miles anstrebte, verwendet Adderley den G-dorischen Modus ausgiebig, um sein melodisches Vokabular zu kreieren, so dass es sich lohnt, einen genaueren Blick darauf zu werfen, bevor wir beginnen.

Du weißt vielleicht, dass G-Dorisch der zweite Modus von F-Dur ist. Mit anderen Worten, es ist so, als würde man eine F-Dur-Tonleiter spielen, die auf der Note G beginnt und endet. Anstatt „F-Dur" zu denken, ist es jedoch besser, sich die Tonleiter von ihrem G-Grundton aus vorzustellen und zu lernen - vor allem, um nicht in die Falle zu tappen, zu versuchen, nicht so zu klingen, als würde man ein Solo in F-Dur spielen!

G-Dorisch hat die Noten G, A, Bb, C, D, E, F

Über einem einfachen G-Moll-Akkord gespielt, bilden die Noten G, B und D den grundlegenden Moll-Dreiklang, während die Note F ihn zu einem Gm7 macht. Die anderen Noten stellen verschiedene Erweiterungen von G-Moll dar:

A impliziert Gm9

C impliziert Gm11

E impliziert Gm6

Die A-, C- und E-Noten sind besonders wichtig, um den „coolen" modalen Miles-Sound zu erzeugen, nach dem wir suchen.

Hier ist die G-dorische Tonleiter in dritter Position mit dem durch schwarze Quadrate gekennzeichneten Grundton. Versuche, sie über einem statischen G-Moll-Akkord zu spielen.

G Dorian

3

5

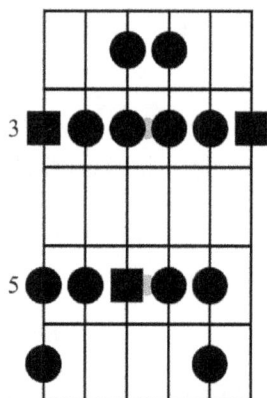

Für das Solospiel ist es außerdem nützlich, die Tonleiter in einem kletternden Muster spielen zu können, das den gesamten Umfang des Griffbretts abdeckt.

In diesem Diagramm habe ich die Notennamen angegeben, so dass du, wenn du mit diesem Fingersatz nicht zurechtkommst, deine eigenen Übergangspunkte ausarbeiten kannst (Punkte, an denen du die Saiten wechseln musst, um die Tonleiter weiter aufsteigen zu lassen).

Ich spiele dieses Muster, indem ich die ersten drei Noten auf einer Saite mit dem ersten, dritten und vierten Finger greife und dann zur vierten Note hinaufgleite, um die Position zu wechseln. Mache es so, wie es sich für dich am besten anfühlt.

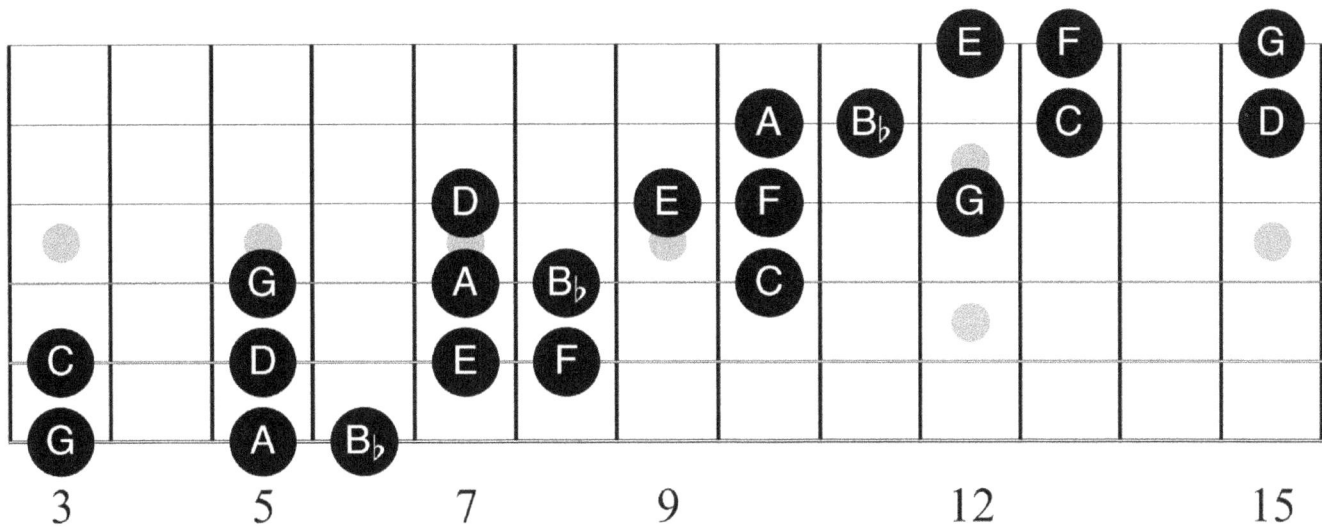

Kommen wir nun zur melodischen Sprache von Cannonball Adderley.

In Beispiel 5a stammen in den ersten fünf Takten alle Noten aus der G-dorischen Tonleiter. Im sechsten Takt wirst du sofort hören, dass die Linie „outside" geht (d.h. dissonant wird). Ich werde gleich darauf zurückkommen.

Schauen wir uns zunächst an, wie die Linie in den Takten 1-4 aufgebaut ist. Zuvor haben wir die Idee des Aufbaus von Motiven besprochen - die Schaffung starker Phrasen, die wiederholt und angepasst werden können, um sich durch eine Reihe von Changes zu bewegen. Hier geschieht etwas Ähnliches. In den Takten 1-4 wird dieselbe Phrase verwendet, aber hier spielen wir über einen einzigen, statischen Akkord, weshalb ich in diesem Zusammenhang den Begriff *Skalensequenzierung* vorziehe.

Skalensequenzierung bedeutet, sinnvolle melodische Linien zu schaffen, indem man Skalentöne neu anordnet, um zu vermeiden, dass es so klingt, als würden wir nur Standard-Tonleitermuster rauf und runter laufen. Mit dieser Idee hat sich John Coltrane intensiv auseinandergesetzt, und sie wurde zur Grundlage seines Spielstils.

Wir können zum Beispiel vermeiden, ein skalisches Lick immer mit dem Grundton zu beginnen (dieses Lick beginnt auf der 6 von G-Moll), oder wir können absichtlich größere Intervalle spielen, um unsere Linien weniger vorhersehbar zu machen.

In Takt sechs spiele ich einen *Side-Step,* um eine Spannung zu erzeugen, die in Takt sieben wieder aufgelöst wird. Die G-dorische Tonleiter wird um einen Halbtonschritt nach oben zu Ab-dorisch und dann zurück zu G verschoben. Du kannst einen Halbtonschritt nach oben oder unten gehen. Mit Bedacht eingesetzt, kann dieses einfache Manöver eine große Spannung erzeugen, die schnell aufgelöst wird.

Ich entscheide mich, diese Linie auf einer B-Note zu beenden, um ein wenig mehr Dissonanz zu erzeugen. Es ist die große und nicht die kleine Terz, so dass ein vorübergehender Konflikt mit Gm7 entsteht.

Beispiel 5a

Hier ist eine weitere auf G-Dorisch basierende Linie. Der Anfang dieser Linie vermeidet den Grundton und beginnt auf der 5 von Gm7. Um die Skala aufzupeppen, habe ich dieses Mal einige chromatische Annäherungstöne eingeführt. Die B-Note, die auf das D folgt, zielt auf das C, das einen Halbton tiefer liegt, was natürlich zum D zurückführt. In der zweiten Hälfte dieses ersten Taktes beziehen sich die Noten auf die 6, den Grundton und die 11.

In den Takten 3-4 gibt es weitere chromatische Durchgangsnoten, und im vorletzten Takt verwende ich eine einfache Sidestep-Bewegung, um Interesse zu erzeugen, indem ich die A- und G-Noten einen Halbtonschritt nach unten zu Ab und Gb bewege und dann wieder zurück komme.

Ein gutes Verständnis des Layouts der G-dorischen Tonleiter auf dem Griffbrett bedeutet, dass wir interessante Patterns finden können, die gut unter die Finger fallen. Vor allem beim Spielen über einen Ein-Akkord-Vamp kann eine Griffbrettkarte der Tonleiter ein nützliches Hilfsmittel sein, mit dem man arbeiten kann. Du kannst die Topographie der Tonleiter auf einen Blick sehen und feststellen, ob es sich wiederholende Muster gibt, die du zum Aufbau melodischer Linien verwenden kannst.

Nimm während deiner Übungsstunden einen Loop von einem Gm7-Groove auf, oder finde einen guten Backing-Track auf YouTube, und verwende dann die unten stehende G-dorische Skala, um damit zu improvisieren.

G Dorische Skala Karte

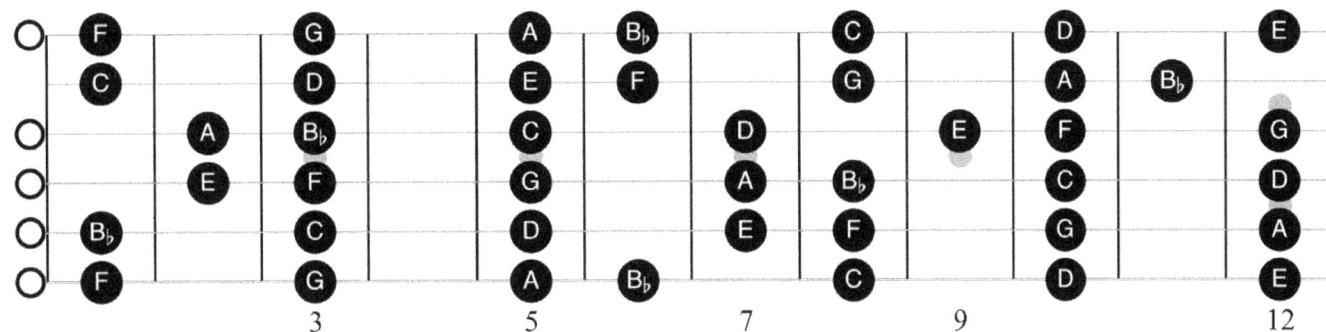

Beispiel 5b

Je vertrauter du mit dem Aufbau einer Tonleiter wirst, desto besser kannst du bestimmte Intervalle isolieren, um Linien zu bilden. Linien mit größeren Intervallsprüngen sind weniger vorhersehbar und können bessere melodische Phrasen ergeben als aufeinanderfolgende Skalentöne.

Bei diesem Lick war es mein Ziel, eine Linie zu schaffen, die eher einer Melodie als einem Lick ähnelt. Die Eröffnungsphrase beginnt auf einer C-Note, die einen Gm11-Klang suggeriert, gefolgt vom Grundton, dann der 6 und wieder der 11. Die Saitensprünge verstärken das Gefühl der Räumlichkeit.

Die Linie steigt bis zum siebzehnten Bund auf und beginnt dann abzusteigen. In Takt sechs verwende ich die intervallische Idee von Takt eins erneut, aber diesmal mit absteigenden Noten.

Spiele diese Linie selbstbewusst, sie soll hymnisch klingen!

Beispiel 5c

Die nächste Idee für die Sequenzierung, mit der wir das Beste aus der G-dorischen Tonleiter herausholen können, ist die Verdopplung von Noten, um eine Art Motiv zu schaffen. Um diese Linie noch überraschender zu gestalten, beginne ich auf einer b5-Note (Db).

Es gibt hier nichts Schwieriges, aber spiele diese Linie mit viel Attack und lasse die Noten wirklich hervorstechen.

Beispiel 5d

Nach der Einfachheit der vorangegangenen Idee folgt nun eine komplexere Linie mit einigen harmonischen Wendungen.

In Takt eins habe ich eine Zielnote vor Augen: die A-Note zu Beginn von Takt zwei. Ich verwende einen einfachen Lauf, um dorthin zu gelangen. Die A-Note impliziert einen Gm9-Klang.

In Takt drei werden zwei chromatische Durchgangsnoten verwendet, um Tonleitertöne zu verbinden. Die letzten drei Noten des Taktes (G#, E und C) klingen isoliert gespielt wie ein übermäßiger Dreiklang in C, aber über einer G-Bassnote erzeugen sie eine ungewöhnliche Spannung und implizieren den Klang von G6sus(b9).

In den Takten 4-6 spiele ich auf die Melodie eines berühmten Jazzstandards an. Die Noten sind bei weitem nicht identisch, und natürlich werden sie in einem völlig anderen Kontext gespielt, aber die Phrase könnte dich an etwas erinnern. Viele Jazzmusiker machen das, man nennt es „zitieren". Ein Teil des Spaßes besteht darin, herauszufinden, ob eine bekannte Melodie auf eine alternative Reihe von Akkordwechseln passen kann. Es macht auch Spaß zu sehen, wem das auffällt, abgesehen von deinen Bandkollegen!

Im siebten Takt trägt die Hinzufügung von zwei chromatischen Noten wirklich dazu bei, diesem Lick ein Outside-Inside-Gefühl zu verleihen. Dies ist eine einfache, aber effektive Strategie. Übe sie, indem du eine Arpeggioform oder ein Fragment einer Tonleiter nimmst und schaust, welche Durchgangsnoten verfügbar sind. Komponiere nun ein Lick unter Verwendung des Arpeggio-/Tonleiterfragments und füge nur eine chromatische Note ein. Arrangiere dein Lick dann so, dass du es eine Oktave höher oder tiefer wiederholen kannst, um es zu verdoppeln.

Nachdem du diesen Prozess durchgearbeitet hast, verwende dasselbe Arpeggio/Fragment, wähle aber eine andere chromatische Note und komponieren eine neue Linie. Wiederhole den Vorgang für diese neue Note. Als Nächstes versuche eine Phrase, die beide chromatischen Noten verwendet. Achte darauf, dass die Phrase melodisch ist, damit du nicht einfach die chromatische Tonleiter spielst!

Beispiel 5e

Die nächste Linie ist ein Beispiel dafür, wie Adderley eine Tonleiter sequenzieren könnte, um starke, klar definierte motivische Linien zu spielen, die wiederholt und angepasst werden. Die Handhabung einer Tonleiter auf diese Weise gibt dem Publikum etwas Konkretes, an dem es sich festhalten kann, insbesondere im Kontext eines offen klingenden modalen Vamps.

Die Linie beginnt mit einer intervallischen Phrase, die sich zwischen der 5 und dem Grundton von Gm7 bewegt und auch auf die 11 verweist.

Zu Beginn von Takt drei folgt die Motivphrase, die anschließend wiederholt wird. Es handelt sich im Wesentlichen um eine vierstimmige Phrase, aber jedes Mal geht der ersten Note eine Annäherungsnote voraus, die sich ihr von einem Halbtonschritt darunter nähert.

Wenn wir die Noten analysieren, stellen wir fest, dass die erste vierstimmige Phrase ein Gm7-Arpeggio, die zweite Phrase ein Fmaj7-Arpeggio und die dritte Phrase ein Em7b5-Arpeggio darstellt. Was geschieht hier und wie hängt es mit unserem G-Moll-Vamp zusammen?

Diese Art von Idee bezieht sich auf die übergeordnete Tonart, zu der die G-dorische Skala gehört, und leiht sich andere Arpeggios.

Ich habe bereits erwähnt, dass G-Dorisch der zweite Modus in der Tonart F-Dur ist (eine F-Dur-Skala, die auf G beginnt und endet). Wenn wir die F-Dur-Tonleiter harmonisieren, um Akkorde zu erzeugen, indem wir die Noten in Terzen stapeln, ergibt sich die folgende Akkordfolge:

I	ii	iii	IV	V	vi	vii
F	G	A	Bb	C	D	E
Fmaj7	Gm7	Am7	Bbmaj7	C7	Dm7	Em7b5
(F A C E)	(G Bb D F)	(A C E G)	(Bb D F A)	(C E G Bb)	(D F A C)	(E G Bb D)

Jedes der resultierenden Arpeggios kann verwendet werden, um melodische Linien über *einen beliebigen* F-Dur-Akkord zu spielen. Welchen Akkord du auch immer wählst, das Arpeggio, das du darüber spielst, wird mehr „inside" oder „outside" klingen, je nachdem, wie viele Noten es mit dem ursprünglichen Akkord gemeinsam hat.

Wir spielen über Gm7 (G Bb D F). Das Fmaj7-Arpeggio (F A C E) hat nur die Note F mit Gm7 gemeinsam. Die anderen Noten erzeugen erweiterte Klänge. Das A impliziert Gm9, das C impliziert Gm11, und das E impliziert Gm6 oder Gm13.

Das Arpeggio Em7b5 (E G Bb D) hat drei Noten mit Gm7 gemeinsam und unterscheidet sich nur in einer Note. Die E-Note suggeriert wieder den Klang von Moll 6 / Moll 13.

Du wirst vielleicht sagen: „Die Tonleiter enthält alle diese Noten, warum also nicht einfach die Tonleiter spielen?"

Die Antwort ist zweigeteilt.

Erstens ist ein Arpeggio eine sehr stabile, stark klingende Struktur auf der Gitarre. Du kannst ein „inside" klingendes Arpeggio spielen, gefolgt von einem „outside" (dissonanten) Arpeggio, und deine Zuhörer werden mitgehen, weil der Klang des Arpeggios eine vorhersehbare Form hat.

Zweitens: Wenn du eher an „Em7b5-Arpeggios" als an „G-dorische Tonleiternoten" denkst, wirst du ganz andere Linien spielen. Der Schwerpunkt deiner Linien verlagert sich, und du wirst melodische Ideen spielen, auf die du nicht gekommen wärst, wenn du versucht hättest, mit der Ausgangsskala kreativ zu werden.

Auch diese Idee solltest du weiterverfolgen. Besorge dir ein G-Moll-Vamp-Backing-Track oder erstelle deinen eigenen und jamme darüber. Wähle ein Arpeggio aus und verwende es zum Improvisieren, indem du herausfindest, wo du es an möglichst vielen Stellen des Griffbretts spielen kannst. Finde heraus, welches Arpeggio dir am besten gefällt.

Wenn du diese Idee verwendest, wirst du feststellen, dass du zwar viele chromatische Durchgangsnoten hinzufügen kannst, dies aber nicht unbedingt nötig ist, da die Arpeggios selbst viele reichhaltige Intervalle über der zugrunde liegenden Harmonie enthalten.

Beispiel 5f

Die nächste Linie verwendet ein sich verschiebendes Motivmuster, das sich allmählich nach oben schlängelt. Die Verwendung gelegentlicher chromatischer Noten (in den Takten 1, 3 und 5-7) lässt diese Linie viel komplexer klingen, als sie tatsächlich ist. Im Wesentlichen handelt es sich um eine Reihe von zweitaktigen Frage- und Antwortphrasen.

Die Cannonball-ähnliche Idee, die mir hier vorschwebte, bestand darin, einen bestimmten G-Moll-Akkordton auf dem ersten Schlag von abwechselnden Takte anzusteuern, beginnend mit Takt eins. Die Phrase beginnt mit einer D-Note (der 5). In Takt drei treffen wir den G-Grundton auf Schlag 1. In Takt fünf ist es die b3 (Bb).

In Takt sechs weiche ich von der zweitaktigen Phrasierungsidee ab und schlage eine E-Note auf Schlag 1 (6) an, wenn die Phrase abzusteigen beginnt.

Beachte die absteigende Bb-Arpeggio-Phrase in Takt sieben. Sie basiert auf dem Akkord IV der obigen harmonisierten F-Dur-Tonleiter (allerdings habe ich die Idee weiter ausgearbeitet und spiele ein Bb6- statt ein Bbmaj7-Arpeggio).

Beispiel 5g

Hier ist eine weitere Idee, die auf Arpeggio-Figuren basiert. Beachte, wie sie der Linie eine sehr stabile, starke Gesamtstruktur verleihen. Die Verwendung von Arpeggios in einer Sequenz gibt der Linie auch eine starke Orientierung.

Die vierstimmigen Arpeggio-Muster beginnen in der Mitte von Takt vier und lauten in dieser Reihenfolge: Bbmaj7, Am7, Gm7, Fmaj7 und Em7b5.

Fällt dir etwas an der Art und Weise auf, wie sie aufgebaut sind? Jedes wird in umgekehrter Reihenfolge gespielt, es endet auf dem Grundton, anstatt mit ihm zu beginnen.

Beispiel 5h

Als Nächstes folgen zwei Linien, die über den Mittelteil von *Milestones* gespielt werden, einen A-Moll-Vamp. Natürlich können die meisten Linien, die du bisher gelernt hast, um einen Ganzton nach oben transponiert werden, um über diesen Abschnitt zu funktionieren.

Beide Linien werden mit der A-Moll-Tonleiter (A, B, C, D, E, F, G) gespielt.

Die erste ist eine kurze Idee, die schwieriger zu spielen ist, als es zunächst scheint. Es ist wichtig, das richtige Timing und Gefühl für die Triolen im ersten Takt zu finden, also höre dir das Audiobeispiel an, um zu hören, wie es klingen sollte.

Beispiel 5i

Hier ist ein Lick im Adderley-Stil, das eine Motividee mit einem absteigenden Lauf kombiniert, der einige chromatische Durchgangsnoten enthält.

Du kannst sehen, dass ich in den Takten 3-4 das gleiche Lick spiele wie in den Takten 1-2, nur um eine Saite verschoben. Du musst eine kleine Anpassung vornehmen, um die unterschiedliche Stimmung der B-Saite zu berücksichtigen.

Das steigende und fallende Arpeggio-Muster in den Takten 5-6 basiert auf einem Am7-Arpeggio.

Bei der letzten abwärts kaskadierenden Linie in den Takten 7-8 hilft die Einbeziehung von einer chromatischen Durchgangsnote (C#), dass diese Linie sanft bis zu ihrer Zielnote A absteigt.

Beispiel 5j

Zum Abschluss dieses Kapitels habe ich ein längeres Solo zusammengestellt, das all die verschiedenen Ideen, die wir betrachtet haben, zusammenfasst. Es wird über die vollständige, 40-taktige Form von *Milestones* gespielt.

Ich habe ein paar der in diesem Kapitel behandelten Licks aufgenommen, damit du hören kannst, wie sie im Kontext eines längeren Solos funktionieren. Aber es gibt hier auch viele neue Ideen, die du lernen kannst. Außerdem gibt es noch ein paar Outside-Inside-Passagen. Ich wünsche dir viel Spaß beim Durcharbeiten!

Beispiel 5k

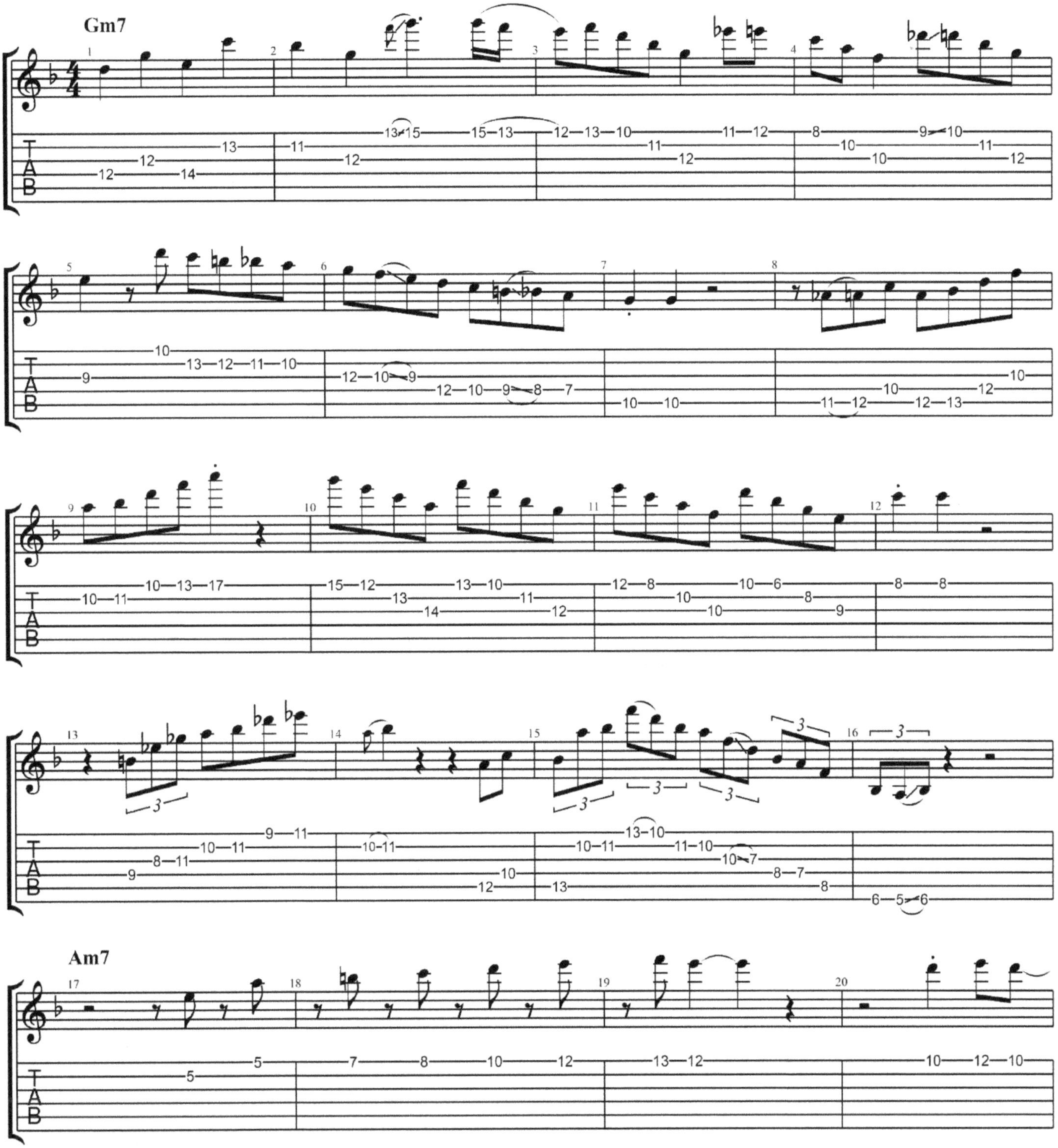

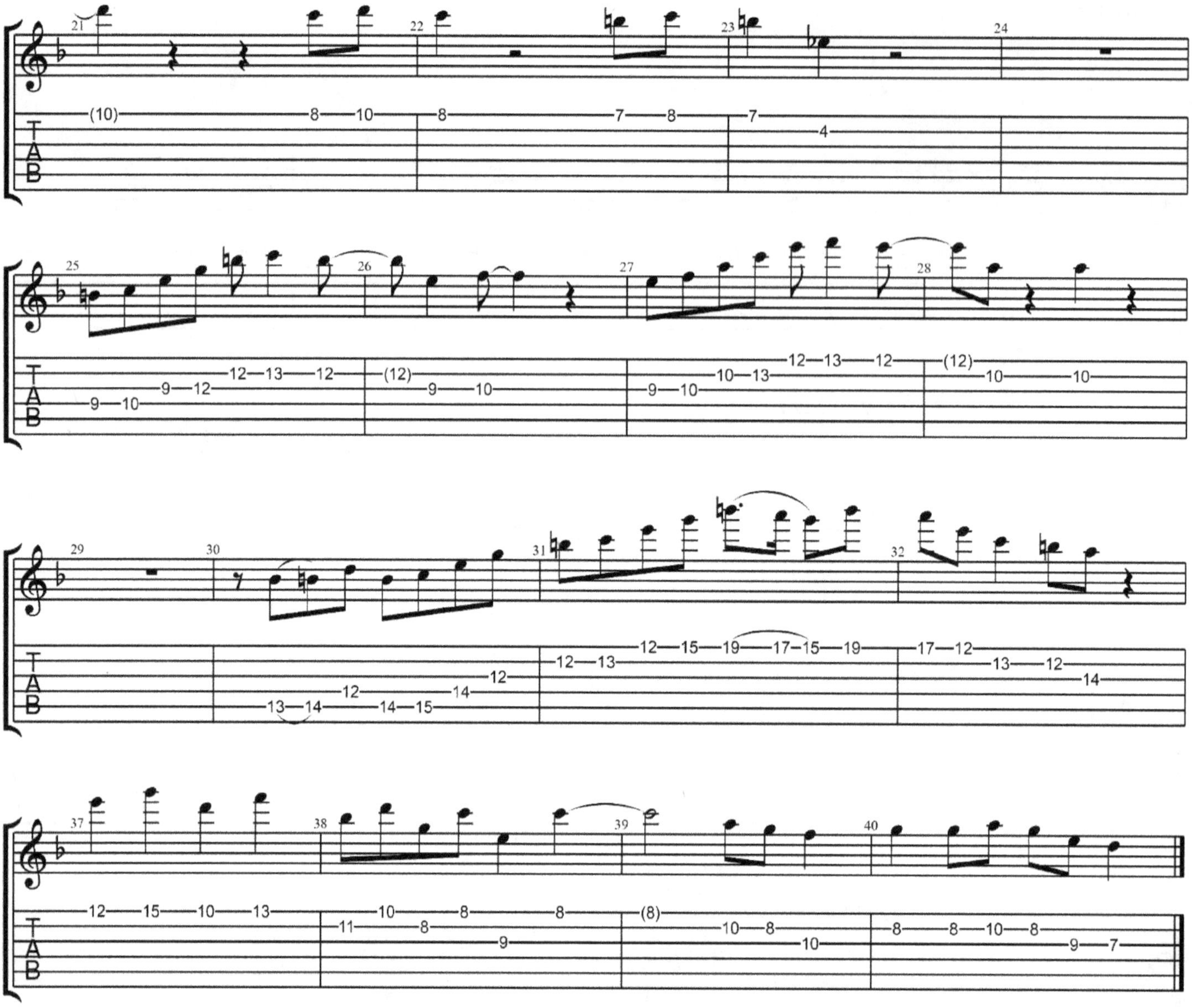

Vom selben Autor

Oscar Peterson Licks für Jazz-Gitarre

Virtuoses Jazz-Piano-Vokabular für die Gitarre zugänglich gemacht

Der virtuose Gitarrist Ulf Wakenius spielte ein Jahrzehnt lang mit der Jazzpiano-Legende Oscar Peterson und trat damit in die Fußstapfen von Barney Kessel, Herb Ellis und Joe Pass. In Oscar Peterson Licks für Jazz-Gitarre gibt Ulf Wakenius einen einzigartigen Einblick in Oscar Petersons Jazzkonzepte und zeigt, wie aus dieser Sprache das perfekte Vokabular für die Jazzgitarre entsteht.

Was du lernen wirst

Oscar Peterson war ein Vollblutmusiker, der mühelose Technik und Fingerfertigkeit mit perfektem Timing, einem riesigen melodischen Vokabular, harmonischer Tiefe und einer einzigartigen dynamischen Kreativität verband, die seine Musik antrieb. In diesem Buch zeigt dir Ulf, wie du diese wesentlichen musikalischen Elemente kombinieren kannst, um die Sprache einer Jazzpiano-Ikone zu beherrschen und bringt dir gleichzeitig Dutzende von Jazzgitarren-Licks bei, die dir das perfekte Jazzgitarren-Vokabular vermitteln.

Du beschäftigst dich unter anderem mit folgenden Themen…

Der Blues

* ' Wie du Blues-Ideen nahtlos in deine Jazzgitarren-Soli einfügst

* Wie du Linien mit fließender Vokalphrasierung kreierst

* Atemberaubende pentatonische Läufe

* Double-Stops und Oktavlinien

* Die Kunst, starke, motivbasierte Soli zu spielen

Lerne, mit deinem Solo eine Geschichte zu erzählen

* Erstelle motivbasierte Phrasen im Stil von Jim Hall und Wes Montgomery

* Das Geheimnis, Motive durch die Changes zu tragen

* Einprägsame Ostinato- und Pedalton-Ideen

* Techniken und Konzepte zum Verzehnfachen deiner Bebop-Licks

Lerne, Bebop-Gitarren-Licks mit Chromatik und Enclosures zu konstruieren

* Spiele Dutzende von swingenden Licks über grundlegende Jazz-Akkordfolgen

* Wie man blitzschnelle Läufe spielt!

* Modale Licks und sequenzbasierte Linien, die einen modernen Jazz-Sound erzeugen

Entdecke das Geheimnis des perfekten Arrangements für Jazzgitarrensoli

Das Solospiel mit Blockakkorden war ein weiteres wichtiges Merkmal von Oscars Spiel. Hier lüftest du die Geheimnisse dieser Technik. Durch das Erlernen mehrerer längerer Studienstücke erhältst du wertvolle Einblicke in die Erstellung deiner eigenen originellen Blockakkord-Solos.

- Lerne die drei Prinzipien, die jedem Blockakkord-Solo zugrunde liegen

- Entdecke üppige Akkordsoli im Stil von Wes Montgomery, Johnny Smith und Barney Kessel

- Lerne fortgeschrittene Akkord-Voicings und Substitutionsideen

Neben vielen längeren Beispielen, die über erweiterte Akkordfolgen gespielt werden, erhältst du am Ende drei komplette Solostücke, die alle Techniken des Buches zusammenfassen. Du lernst zwei Bebop-Blues-Solostudien und ein atemberaubendes Gitarrenarrangement, um deine Kenntnisse zu Harmonie- und Akkordwechseln zu festigen.

www.ingramcontent.com/pod-product-compliance
Lightning Source LLC
Chambersburg PA
CBHW081438090426
42740CB00017B/3352